会计制度设计理论与实务

刘婷婷◎著

吉林出版集团股份有限公司
全国百佳图书出版单位

图书在版编目（CIP）数据

会计制度设计理论与实务 / 刘婷婷著. -- 长春：吉林出版集团股份有限公司，2022.7
　ISBN 978-7-5731-1858-5

Ⅰ.①会… Ⅱ.①刘… Ⅲ.①会计制度—设计—高等学校—教材 Ⅳ.①F233

中国版本图书馆CIP数据核字(2022)第137360号

KUAIJI ZHIDU SHEJI LILUN YU SHIWU

会计制度设计理论与实务

著　　者：刘婷婷
责任编辑：郭玉婷
封面设计：雅硕图文
版式设计：雅硕图文
出　　版：吉林出版集团股份有限公司
发　　行：吉林出版集团青少年书刊发行有限公司
地　　址：吉林省长春市福祉大路5788号
邮政编码：130118
电　　话：0431-81629808
印　　刷：天津和萱印刷有限公司
版　　次：2023年1月第1版
印　　次：2023年1月第1次印刷
开　　本：710 mm × 1000 mm　　1/16
印　　张：11.75
字　　数：200千字
书　　号：ISBN 978-7-5731-1858-5
定　　价：78.00元

版权所有　翻印必究

前　言

随着世界经济的高速发展，企业之间的竞争日益激烈。在这瞬息万变的21世纪，企业若想在国内外市场中占有一席之地，实现自己长远的发展战略，就必须建立和完善与各个阶段相适应的企业内部管理制度，而会计制度是企业内部管理制度的重中之重，是建立和完善企业内部管理制度的重要渠道。

会计制度是指导会计工作的规范和准则，是现代企业制度的重要组成部分。建立科学完备的会计制度对于发挥会计的核算和监督的基本职能具有重要意义。随着我国社会主义市场经济体制的发展和完善，会计国际化进程日益加快，尤其是会计改革的不断深入，迫切需要基层单位加强会计制度设计工作。如何设计严密完善的、高质量的会计制度，是每一个会计工作者都必须掌握的知识。

本书的编写根据国家最新颁布的会计法律、会计准则及国家统一的会计制度编写，并以应用为目的，以培养能力为主线，坚持理论联系实际的原则，既注重阐述会计制度设计的基本理论，又注意总结我国会计制度设计的实践经验，具有系统性、指导性、应用性等特点，是可以满足高等财经院校会计学专业学习，也可以作为在职会计人员培训及考试的参考用书。

在本书的编写过程中，参阅了许多近年来出版的会计制度设计类专著、教材及实务书，借鉴和吸收了国内外众多学者、同仁的研究成果。在此，谨致以诚挚的谢意。鉴于作者水平有限，因此，疏漏和不妥之处在所难免，敬请读者批评指正。

目 录

第一章 会计制度设计概述 ············ 1
第一节 会计的概念及职能 ············ 1
第二节 会计制度与会计制度设计 ············ 4
第三节 会计制度设计的内容 ············ 13
第四节 会计制度设计的原则 ············ 18
第五节 会计制度设计的程序 ············ 22

第二章 会计制度总则设计 ············ 26
第一节 会计制度依据的设计 ············ 26
第二节 会计组织机构的设计 ············ 29
第三节 会计核算规则的设计 ············ 34
第四节 会计档案管理的设计 ············ 40
第五节 会计岗位职责的设计 ············ 43
第六节 会计工作交接制度的设计 ············ 48

第三章 会计制度设计的基本方法 ············ 51
第一节 会计制度设计调查 ············ 51
第二节 会计制度概要设计 ············ 54
第三节 会计制度实施与验收 ············ 58

第四章 会计科目及账户设计 ············ 60
第一节 会计科目设计概述 ············ 60
第二节 会计科目设计的内容 ············ 65
第三节 各类会计科目的设计方法 ············ 69

第五章 会计凭证设计 …… 75

第一节 会计凭证的作用和意义 …… 75
第二节 原始凭证的设计 …… 77
第三节 记账凭证的设计 …… 84
第四节 会计凭证的传递设计和保管制度的设计 …… 89

第六章 会计账簿设计 …… 92

第一节 会计账簿的意义和原则 …… 92
第二节 日记账簿的设计 …… 96
第三节 分类账簿的设计 …… 100
第四节 备查账簿的设计 …… 103

第七章 财务会计报告设计 …… 108

第一节 财务会计报告设计概述 …… 108
第二节 财务会计报告基本内容设计 …… 112
第三节 对外财务报表设计 …… 115
第四节 对内财务报表设计 …… 124

第八章 账务处理程序设计 …… 130

第一节 账务处理程序设计概述 …… 130
第二节 逐笔过账账务处理程序的设计 …… 134
第三节 汇总过账账务处理程序的设计 …… 137

第九章 内部控制制度设计 …… 143

第一节 内部控制制度设计概述 …… 143
第二节 货币资金业务内部控制制度设计 …… 151
第三节 采购与付款业务内部控制制度的设计 …… 158
第四节 生产制造业务内部控制制度的设计 …… 163
第五节 销售业务内部控制制度设计 …… 170
第七节 筹资业务内部控制制度设计 …… 178

参考文献 …… 179

第一章 会计制度设计概述

第一节 会计的概念及职能

一、会计的概念

对会计的认识在我国有多种观点,比较具有代表性的观点有两种,即管理活动论和信息系统论。

管理活动论认为:"会计是对各单位(会计主体)的经济活动,主要运用货币形式,借助于专门的方法和程序,进行核算、监督,产生一系列财务信息和其他经济信息,旨在提高经济效益的一项具有核算和控制职能的管理活动。"

信息系统论认为:"会计是旨在提高微观经济效益,加强经济管理,在企业(单位)范围内建立的一个以提供财务信息为主的经济信息系统。这个系统主要用来处理单位的资金运动《价值运动》所产生的数据,而后把它加工成有助于决策的财务信息和其他信息。"

概括地说,会计是运用价值形式,借助于专门的方法,对企业(单位)的经济业务所进行的过程控制和观念总结,从系统论的观点出发,会计是一个系统。

系统是由若干个相互联系、相互制约的部分组成,并且具有特定目标和功能的有机整体。系统是由一些基本要素(也称基本环节)构成的,无论系统构成的具体内容和形式如何,都可以抽象为输入、处理、输出和反馈及控制基本要素或基本环节。系统具有下列特征:系统具有一定的目标,它是建立者为了达到某种目标而调集各种资源(人、财,物等),按一定的结构组织起来的,例如,创办学校是为了培养社会需要的各种人才,这个目标称为系统目标;系统具有边界,它将空间区分为系统内部和外部两个不同的领域,边界以内属于系统,边界之外称为环境,任何一个系统总是在一定的环境中存在的；系统是一个整体，它由若干个相互联系又相互制约的部分所组成，每个组成部分称为子系统，这些子系统虽然各自承担不同的任务，但通过它们之间的相互衔接和配合，使系统构成一个整体，共同实现系统目标；系统的各部分具有相关性，组成系统的各子系统之间存在着各种物质或信息的交换关系，正是通过这些交换关系，各子系统才形成一个整体，才能前后衔接、相互配合，实现整个系统的功能，实现系统的总体目标；系统具有分层性，一个系统可为若干个子系统，子系统也可以看做为一个系统，也有其本身的目标、边界、输入和输出，同样可以划分为更细一级的子系统；系统具有动态性，系统不是静止的，而是处于不断运动的状态，即处于不断的输入、处理和输出过程，同时由于系统自身的特性、参数以及环境的具体情况随时间而变化，因此系统随着内外情况的变化应进行必要的修改和调整。

会计是以货币为主要计量单位，遵循一定的法律、准则和程序，采用一定的方法和手段，对特定部门或单位的经济活动进行核算与监督的系统，上述表述中特定的部门或单位是会计主体，即会计工作为之服务的特定单位，具体说可以是企业，也可以是行政事业单位；以货币为计量单位表现的经济业务就是资金运动，它是会计的对象，核算与监督是会计的基本职能，会计为履行其职能，必须遵循一定的法律、准则和程序，采用一定的方法和手段，这些实际上就是会计工作所遵循的各种规范，即广义上的会计法及会计制度。会计按不同技术手段划分为：以计算机为主要技术手段的会计，即电算化会计；以手工处理为主要技术手段的会计，即相对称为手工会计。

会计是一个系统，会计系统从构成上看，包括以下几个部分：会计机构及人员，会计法律、准则、程序、方法及手段，会计对象及描述会计对象的信息。会计系统的目标是及时、准确、真实和完整地提供会计信息，加强管理，提高经济效益。会计系统的功能就是会计的职能，会计的基本职能是会计核算与会计监督。

会计作为一个系统具有双重含义，它既是一个信息系统又是一个管理系统，二者相辅相成，密切结合，从信息处理的角度，强调其数据处理的功能，将会计系统称为会计信息系统，但这并不排斥也不应排斥会计系统具有管理功能；同样，从管理的角度，强调其管理的功能，将会计称为管理活动或会计管理系统，这也不排斥也不应排斥会计系统具有数据处理功能，会计管理是利用会计信息来进行的，会计系统在履行管理功能过程中，也进行信息处理工作，即在管理过程中同时对数据进行收集、加工、传递、存储及输出等处理工作；同样，会计系统在执行数据处理过程中，同时进行管理工作，即通过对各种数据处理并利用其产生的信息来实现管理的预测、决策、计划、组织、指挥、协调及控制等具体功能。

二、会计的职能

会计职能是会计本身所具有的、客观存在的功能，会计基本职能包括会计核算和会计监督。

会计核算是以货币作为计量单位，对经济活动进行完整、连续、系统、全面、综合的记录、计算、分类、汇总和报告，为管理提供有用信息。从广义的角度上讲，会计核算这一基本职能，实际上就说明会计是一个信息系统，它主要是对财务数据进行处理，为管理提供有用信息，从广义的角度出发，会计核算这一基本职能随着会计的发展可以具体分为：事前核算，即预测分析、决策分析、计划编制及定额制定；事中核算，即日常核算，主要对已发生的经济业务进行核算，也就是通常所说的记账、算账和报账；事后核算，即财务分析。目前习惯上将会计的日常核算称为会计核算，这种认识实际上是对会计核算的一种狭义的认识。

会计监督是以价值的形式，对经济活动加以限制、促进、指导和考核，使之符合规定的要求，达到预期的目标。同样从广义的角度上说会计监督这一基本职能实际上就说明会计是一个管理系统，它主要是对财务活动进行有效的控制，实现提高经济效益的目的。从广义的认识角度出发，会计监督这一基本职能随着会计的发展可以划分为：事前监督，即预测、决策、计划及组织；事中监督，即指挥、控制；事后监督，即协调。会计这两项职能是相辅相成、密切结合的。核算是基础，监督需要核算，是在核算中进行监督，也是在监督中进行核算。监督与核算只是在理论上进行一种抽象的职能划分，实际工作中二者是紧密结合在一起进行的。由于核算与监督这种关系，所以从广义的认识角度上说，会计系统具有双重含义，既是一个信息系统，也是一个管理系统。

三、会计的对象

会计的对象是会计核算与监督的内容。会计对象是以货币为计量单位表现的经济活动。从动态的角度上说会计对象就是资金运动，它包括资金的筹集和运用、资金的耗费、资金的收入和分配；从静态的角度上说会计对象就是会计要素，即构成会计报表的基本因素，它是会计对象的具体化，包括资产、负债、所有者权益、收入、费用及利润。

四、会计的方法

会计方法是为实现会计目标、履行会计职能及完成会计任务，在会计工作中所采取的各种技术手段，主要包括：

（1）会计预测方法，主要有本量利预测法、趋势预测法和回归分析预测法等。

（2）会计决策方法，主要有短期决策方法和长期决策方法等。

（3）会计计划方法，主要有资金、成本和利润计划的编制方法。

（4）会计控制方法，主要有政策、计划、预算及制度控制等。

（5）会计核算方法，主要有设置科目和账户，复式记账，编制和审核原始凭证，登记账簿，成本计算，财产清查及编制会计报表等。

（6）会计检查方法，主要有会计凭证的检查、会计账簿的检查和会计报表的检查。

（7）会计分析法，主要有比较法、因素分析法和平衡分析法等。

第二节 会计制度与会计制度设计

一、会计制度

制度一般是指要求成员共同遵守的办事规程或行动准则，如工作制度，会计制度即是会计人员的工作制度，它是政府机关、社会团体及各种性质的企业、事业单位在处理其会计事务时制订的一种方法，它是会计方法和程序的总称，是会计工作的规范。企业或经济个体及其他单位，为了迅速获得正确可靠的会计情报或会计资料，防止内部发生舞弊或资源浪费，监视各部门对管理当局既定政策的贯彻情况，考核各部门的经营绩效，就有必要将会计资料有规律地予以汇集、记录和报告，会计制度应当包括对经济业务的确认、计算、分类、登账、汇总和提出报告，以有效的管理控制作为补充的会计制度，能够为管理人员在保护资产、防止随意使用和处理资产方面，及以可靠的财务记录编制许可的财务资料方面，提供合理的确信。

我国会计制度按其内容可分为三类：一是有关会计工作的制度，如会计档案管理办法；二是有关会计核算和会计监督的制度，如企业会计准则；三是有关会计机构和会计人员管理的制度，如会计人员职权条例等。

会计制度按其性质又可分为预算会计制度和企业会计制度两类，预算会计制度以预算管理为中心，是国家财政和行政事业单位进行会计核算的规范，其中的财政总预算会计制度适用于中央和地方财政总预算的会计核算，行政单位会计制度适用于一切国家机关的会计核算事业单位会计制度适用于教育、科研等事业单位的会计核算，企业会计制度是以生产经营管理为中心，是各类企业和其他经济组织进行会计核算的规范。按照过去国家对企业实行的行业划分，我国已制定了一系列的指导性会计制度，如工业企业会计制度，商品流通企业会计制度，旅游、饮食服务企业会计制度，交通运输企业会计制度，邮电通信企业会计制度，施工企业会计制度，房地产开发企业会计制度，对外经济合作企业会计制度，金融企业会计制度，农业企业会计制度，民航企业会计制度，铁路运输企业会计制度和保险企业会计制度等，此外，随着我国企业的改制上市，国家在指导性会计制度的基础上又进一步完善了工商企业会计制度，制定了企业会计制度。

改革开放前，我国传统的会计制度是按照不同所有制，分不同部门和行业设计制定的，这种会计制度由于体现着不同所有制与国家之间不同的经济利益分配关系，体现不同的部门利益和习惯，不同的会计制度在会计处理方法和程序上存在很大的差异，导致不同单位提供的会计资料缺乏可比性，1992年，中共十四大召开，确立了我国经济体制改革的目标是建立社会主义市场经济，市场调节经济的作用明显增强，有力地推动了我国生产力的发展。与此同时，一些单位受到利益的驱动，随意改变会计核算方法和程序的情况越来越严重，以致造成一些单位会计工作秩序混乱，假账泛滥，如果国家宏观调控和经济决策得不到真实、完整的会计数据的支撑，则国家出台各项经济方针政策就有可能偏离经济运行的正确轨道，导致各种经济杠杆失灵。

为了克服传统会计制度存在的弊端，整肃会计工作的混乱和制约会计信息的失真，更好地发挥会计的作用与宏观调控服务，1993年，我国对企业会计制度进行了重大改革，改变了过去按所有制形式，分不同部门设计制定会计制度的做法，加大统一会计制度的力度，相继制定了一批全国性的统一的会计制度，形成了比较完备的会计核算制度体系，会计制度已成为各单位进行会计核算和会计监督的重要规则和宏观经济调控机制的重要组成部分，但是，随着改革开放的不断深化和社会主义市场经济的快速发展，会计工作中潜在问题明显地暴露出来，有此情况还十分严重，如一些单位受到利益驱动，在会计数据上"做文章"，假账真做、真账假做，造成假账泛滥，会计信息失真已经成为社会公害。一些单位负责人为了粉饰政绩，牟取私利或者小团体利益，打着"关心"重视"会计工作"的幌子，违法干预会计工作，授意、指使、强令会计机构、会计人员篡改、伪造、变造会计数据，提供假财务会计报告，对国家出台有效的经济政策和调控手段构成威胁，一些单位的会计人员作为单位的一名普通职工履行监督职责缺乏必要的法律环境，由此受到刁难和打击报复；也有一些会计人员受个人利益驱使，放弃职守、知情不报，或者共同作弊，或者监守自盗，不少单位的会计基础工作不扎实、不规范，缺乏健全而科学的内部控制制度。

为了规范企业会计行为，我国多年来一直重视会计准则的建设，尤其是改革开放以来，会计制度不断改革创新，从改革开放初期为了吸引外资而建立的外商投资企业会计制度，到后来为了适应股份制改革而建立的股份制企业会计制度，再到后来建立的不分行为、不分所有制的统一的会计制度，即《企业会计制度》《金融企业会计制度》和《小企业会计制度》，适应了我国改革开放和市场经济发展的需要。

1992年，我国发布了第一项会计准则，即《企业会计准则》，之后又先后发布了包括关联方关系及其交易的披露、现金流量表、非货币性交易、投资、收入、或有事项、资产负债表日后事项、会计政策、会计估计变更和会计差错更正、借款费用、债务重组、固定资产、无形资产、存货、中期财务报告等在内的16项具体准则。

为适应我国市场经济发展和经济全球化的需要，按照立足国情、国际趋同、涵盖广泛、独立实施的原则，财政部对上述准则作了系统性的修改，并制定了一系列新的准则，2006年2月15日，发布了包括《企业会计准则基本准则》（以下简称基本准则）和38项具体准则在内的企业会计准则体系；2006年10月30日，又发布了企业会计准则应用指南，从而实现了我国会计准则与国际财务报告准则的实质性趋同。

我国企业会计准则体系由基本准则、具体准则、会计准则应用指南和解释等组成。其中，基本准则在整个企业会计准则体系中扮演着概念框架的角色，起着统取作用；具体准则是在基本准则的基础上，对具体交易或者事项会计处理的规范；应用指南是对具体准则的一些重点难点问题作出的操作性规定；解释是随着企业会计准则的贯彻实施，就实务中遇到的实施问题而对准则作出的具体解释，自2007年至2017年，财政部已分别印发了第1号、第2号、第3号、第4号、第5号、第6号、第7号、第8号、第9号、第10号、第11号和第12号企业会计准则解释。2014年，财政部修订了四个会计准则，分别是《企业会计准则第2号——长期股权投资》、《企业会计准则第9号——职工薪酬》、企业会计准则第30号——财务报表列报》和《企业会计准则第33号——合并财务报表》；2014年新增加了《企业会计准则第39号——公允价值计量》、《企业会计准则第40号——合营安排》、《企业会计准则第41号——在其他主体中权益的披露》，2017年，财政部修订了6个会计准则,分别是《企业会计准则第 14 号——收入》、《企业会计准则第 16 号——政府补助》、企业会计准则第 22 号——金融工具确认与计量》、《企业会计准则第 23 号——金融资产转移》、《企业会计准则第 24 号——套期保值》、《企业会计准则第 37 号——金融工具列报》;2017 年新增加了《企业会计准则第 42 号——持有待售的非流动资产、处置组和终止经营》,在我国现行的企业会计准则体系中,基本准则类似于国际会计准则理事会的《编报财务报表的框架》和美国财务会计准则委员会的《财务会计概念公告》,它规范了包括财务报告目标、会计基本假设、会计信息质量要求、会计要素的定义及其确认、计量原则、财务报告等在内的基本问题,是会计准则制定的出发点,是制定具体准则的基础,其作用主要表现为两个方面。

一是统驭具体准则的制定,随着我国经济迅速发展,会计实务问题层出不穷,会计准则需要规范的内容日益增多,体系日趋庞杂,在这样的背景下,为了确保各项准则的制定建立在统一的理念基础之上,基本准则就需要在其中发挥核心作用,我国基本准则规范了会计确认、计量和报告等一般要求,是准则的准则,可以确保各具体准则的内在一致性,为此,我国基本准则第三条明确规定,"企业会计准则包括基本准则和具体准则,具体准则的制定应当遵循本准则(即基本准则)",在企业会计准则体系的建设中,各项具体准则也都严格按照基本准则的要求加以制定和完善,并且在各具体准则的第一条中作了明确规定。

二是为会计实务中出现的、具体准则尚未规范的新问题提供会计处理依据。在会计实务中,由于经济交易事项的不断发展、创新,具体准则的制定有时会出现滞后的情况,会出现一些新的交易或者事项在具体准则中尚未规范但又急需处理,这时,企业不仅应当对这些新的交易或者事项及时进行会计处理,而且在处理时应当严格遵循基本准则的要求,尤其是基本准则关于会计要素的定义及其确认与计量等方面的规定,因此,基本准则不仅扮演着具体准则制定依据的角色,也为会计实务中出现的、具体准则尚未作出规范的新问题提供会计处理依据,从而确保企业会计准则体系对所有会计实务问题的规范作用。

在我国现行的企业会计准则体系中,具体准则包括存货、投资性房地产、固定资产等 41 项准则,各项准则规范的内容和有关国际财务报告准则的内容基本一致。

经第九届全国人民代表大会常务委员会第十二次会议通过,重新修订了《会计法》,更加完善了我国新时期会计工作的总纲。1999 年 9 月 22 日,中国共产党第十五届中央委员会第四次全体会议通过《中共中央关于国有企业改革和发展若干重大问题的决定》，提出加强和改善企业管理，必须"建立健全全国统一的会计制度"，实践证明，在市场经济条件下，会计制度作为法制化经济管理手段的重要组成部分，必须强化，必须统一，国家统一的会计制度主要包含以下三层含义。

1. 国家统一会计制度是由国务院财政部门统一制定并在全国范围内实施

国务院财政部门作为全国会计工作的主管部门，制定国家统一的会计制度是其一项非常重要的职权，国家统一的会计制度由国务院财政部门统一制定，可以保证我国会计制度的统一性、完整性和权威性，也有利于执行，同时，国家统一的会计制度由国务院财政部门统一制定，并不排除国务院有关部门以及中国人民解放军有关部门依照《会计法》，以适应某些部门和行业对会计核算和会计监督的特殊要求，但是，省级人民政府财政部门不得制定实施统一会计制度的具体办法，目的在于强化国家统一的会计制度，保障国家统一的会计制度的有效实施。

2. 国家统一的会计制度应当依据《会计法》制定

《会计法》是我国会计核算、会计监督和会计管理的基本法律，比国家统一的会计制度具有更高的法律效力，因此，国务院财政部门制定国家统一的会计制度，应当以《会计法》为依据，不得与《会计法》的规定相违背和抵触。

3. 国家统一的会计制度是关于会计核算、会计监督、会计机构和会计人员以及会计工作管理的制度

国家统一的会计制度并不是由一个规范构成的，而是由一系列规范构成的，这些规范分别规范会计核算、会计监督、会计机构和会计人员以及为会计工作管理的一个或者几个方面。《会计法》颁布实施以来，特别是1992年我国实行会计制度改革以来，国务院财政部门制定了一系列的准则、制度、办法，使我国的会计制度逐步得到补充和完善，其主要内容包括以下五个方面。

（1）会计核算制度，主要是有关会计核算的基本原则、会计科目的设置与要求、财务会计报告的格式与要求等规范。

（2）会计监督制度，是指有关会计机构、会计人员对单位的会计活动进行监督的制度，主要包括会计机构和会计人员对本单位的会计凭证、会计账簿、财务会计报告、实物与款项、财务收支及其他会计事项的监督。

（3）有关会计机构、会计人员的制度，主要包括会计机构的设置、会计人员配备和会计机构、会计人员的职责权限等制度。

（4）会计工作管理制度，主要是指各级人民政府财政部门对会计工作的指导、监督和管理等制度。

会计制度是会计控制的载体，是企业管理的必备工具，会计制度是单位

所有管理制度中最根本的制度，没有健全的会计制度，所有的管理都失去了依据。会计有财务的功能、成本的功能、管理的功能和社会的功能，这些功能必须经由会计制度的规定而实现，因为会计制度规定了会计科目的设置、会计凭证的填制、会计账簿的记录与结算，以及会计报表的编制和会计事务的处理程序等。一个健全的会计制度，不但能使单位的会计业务圆满执行，而且能够促使会计事务处理的合理化；促进内部控制的健全与有效；有利于保证固定资产管理完善，存货控制适宜，现金、票据及有价证券保管安全；能提供适当的预算管理办法；能正确表达及公平考核经营绩效；能使会计资料帮助管理者解决管理中的问题。因此，健全的会计制度是企业成功的重要因素。

会计制度是会计管理的重要组成部分，它对于做好会计工作和加强内部控制具有重要的作用，会计制度是会计控制的载体，它体现了会计控制的内容和方法，会计控制又是内部控制的重要组成部分，管理控制虽然是会计控制的基础，但强化了会计控制，也有助于管理控制效能的发挥，作为内部控制制度一部分的会计制度本身就具有控制功能，它对于保护财产安全和提高会计信息的可靠性具有不可替代的作用；同时，运用确认、计量、记录、分类、截止期、披露等特殊的控制手段，也有利于管理当局既定政策的贯彻执行、国家各项法规的遵循和经营效果的提高，由此可见，会计制度在内部控制中也处于至关重要的地位。

三、会计制度设计

会计制度设计，就是根据一定的理论、原则和会计法规的规定并结合会计工作实际，运用文字、图表等形式对全部会计事务和会计处理手续以及会计人员的职责进行系统规划的工作，它是会计管理的重要组成部分。

（一）会计制度设计的意义

认真制定并严格贯彻执行会计制度，对规范会计行为，保证会计资料的真实、完整，具有重大意义。会计制度设计的意义可概括为以下几个方面：

1. 有利于贯彻国家的财经政策和法规制度

设计会计制度时必须以国家的财经政策和法规制度为依据，不能与之相背离。制定和执行了会计制度，也就贯彻落实了财经政策和法规制度。

2. 有利于提高宏观和微观经济管理水平，有效抑制会计工作的混乱局面，保证会计工作顺利进行

从宏观上看，国家在制订计划、决定政策、开展综合平衡工作时需要高

度概括的会计资料。这些会计资料是通过编制汇总会计报表提供的，而汇总会计报表的编制要以各地区、各部门会计指标的相互可比为前提。全国统一的会计制度从宏观角度对会计工作提出普遍的、共同的要求，通过强制执行，为汇总会计报表的编制提供了重要的保证，从而加强了综合平衡工作，提高了全社会的经济管理水平。

从微观上看，各单位不但要执行统一的会计制度，还应结合自身经营管理的具体情况，自行设计出适用于本单位的会计制度，解决个性问题，有一定的针对性。通过贯彻执行，有利于保证会计资料的真实、完整、可靠，从而提高经营管理水平。

通过会计制度的约束，可以纠正一些会计工作混乱、管理松懈的现象，有效抑制不设账、造假账等种种违法行为，可以保证会计工作顺利进行，提高会计工作效率，保证会计工作质量。

3. 有利于加强会计管理，及时、准确地提供会计信息

加强会计管理工作，是企业发展的重要保证。会计制度设计对会计机构的设置、会计人员的配备、职责分工、岗位责任制以及业务工作程序等进行了科学合理的规划，从而为会计管理工作提供了依据和保障，促进了会计工作的正常、顺利运行。同时，会计的主要任务是为信息使用者提供决策有用的会计信息，而会计制度设计也规划了会计信息收集、加工、对外报出的程序与方法，形成了一个系统，保证了会计信息提供的及时性和准确性。

（二）会计制度设计的依据

会计制度设计的依据是社会经济发展状况、会计特征和会计技术水平、财经法规、企业政策和管理需要。

1. 社会经济发展状况

社会经济发展情况对会计制度设计的产生和发展起着非常重要的作用。经济发展情况包括：国家的经济状况和发展水平；国家的经济体制；企业的组织结构和经济活动；币值稳定状况等。例如，国家的经济状况较差时，人们希望所设计出的会计制度能够提供更多的信息，帮助利益相关者进行决策。

2. 会计特征和会计技术水平

会计在一定时间和空间范围内具有某些稳定的基本特征，是不随客观环境的变化而变化的。例如，在现代，会计输出信息主要是用货币计量的，企业会计以持续经营为会计计量的前提，即在可预见的未来不会破产，会计报告必须分期披露等。这些无需证明便为人们所接受的会计特征是会计制度设计的依据。

另外，会计的技术水平也是会计制度设计的影响因素之一。一般来说，会计技术水平高，人们所期望设计的会计制度就能提供更多的信息，以满足管理决策与控制的要求；反之，会计技术水平不高，使用者的部分信息需求可能一时无法满足。会计技术水平取决于会计研究水平、会计人员所掌握的技能和会计技术手段。

3. 财经法规

在我国，财经法规也是会计制度设计的依据之一，主要有以下四类：

(1) 会计法律制度

我国的会计法律制度主要包括会计法律（如《会计法》,《注册会计师法》）、会计行政法规（如《总会计师条例》、《企业财务会计报告条例》）、国家统一的会计制度（如《财政部门实施会计监督办法》、《会计从业资格管理办法》、《小企业会计制度》、《会计档案管理办法》等）。

(2) 支付结算法律制度

如《中华人民共和国票据法》、《票据管理实施办法》、《支付结算办法》、《银行卡业务管理办法》、《异地托收承付结算办法》等。

(3) 税收法律制度

如《中华人民共和国税收征收管理法》、《中华人民共和国消费税暂行条例》、《增值税专用发票使用规定》、《中华人民共和国企业所得税法》等。

(4) 财政法律制度

如《中华人民共和国预算法》、《中华人民共和国预算法实施条例》以及有关国家预算管理的其他法规制度。因此，企业在进行会计制度设计时，必须熟知上述法规，使其所设计的会计制度符合财经法规的要求。

4. 企业政策和管理需要

企业会计制度的设计是为企业政策和管理需要服务的，会计制度设计的目的是应企业政策和管理的要求简化会计工作，提高工作效率，防止各种财务舞弊，并且随时向利益相关者提供资料，协助管理层治理加强对公司的控制等。因此，会计制度要以企业政策和管理需要为依据来进行设计。

（三）会计制度设计的任务

会计制度设计的任务是对会计工作进行规范，使会计信息能够完整、及时、真实、经济地反映企业的经营情况，并且为信息使用者提供一个全面的制度系统。会计制度设计的具体任务主要有以下四点：

1. 设置会计机构、配置会计人员

首先，会计机构的设置是会计工作行使核算和监督职能的基础，因此，各企业应根据自身生产经营的规模、企业的管理要求以及会计工作量的多少等，合理设置会计机构，保证会计工作的有效进行；其次，会计机构是由会计人员组成，企业应合理配置会计人员，明确规定他们的工作范围、职责、政治素质等，这样可以提高会计工作的效率和效果。

2. 设计一套科学的会计核算制度

会计核算制度主要包括会计科目的设置、会计凭证和会计账簿的设计、会计报表的设计以及会计核算形式的设计等，对日常业务进行确认与计量，并最终生成报表。任何单位的会计业务都是频繁连续地发生的，因此运用科学的方法和程序对各项经济业务进行整理、分类、登记、分配、计算和汇总至关重要，设计出一套科学的会计制度设计，为进行日常会计核算工作提供依据即成为会计制度设计的任务之一。

3. 设计一套科学的会计指标体系

会计指标体系是确定会计报告的种类和项目、设置会计科目、设置账户、进行会计分析的依据。会计指标系统应包括：为国家宏观调控提供服务的综合性指标、对企业外部利益相关者提供相关信息的指标、为企业管理当局决策服务的指标。各指标之间要相互联系、相互补充，从而形成一套完整的指标体系。

4. 设计一套科学的会计业务流程制度

为了确保各项经济活动不违反国家有关法令、政策和各项财经制度，完成各项计划或预测，保护各项资产物资的安全和完整，就需要对各会计业务流程进行规范和管理，如货币资金业务流程、采购与付款业务流程、销售与收款业务流程等，设计出一套完整、合理、科学的会计业务流程制度。

（四）会计制度设计人员的素质

我国目前尚没有专门从事会计制度设计的人员，通常由财政部门、高等院校的会计专家以及实际部门的会计人员组成临时性小组进行设计工作。会计制度设计人员素质的高低，直接影响着会计制度质量的好坏，为保证设计出良好的会计制度，会计制度设计人员的业务素质和思想道德水平应满足以下几点要求：

1. 具有较高的理论水平、较丰富的会计知识和经济管理知识

会计制度设计工作涉及面很广，与企业的生产经营各项业务活动都有密切的关系，是一项综合性很强的工作，会计制度设计人员只有对会计理论有较深刻的理解，才能正确分析会计工作中发生的问题，并进而设计合理的规范进行解释和指导。同样，只有具备丰富广泛的会计知识和经济管理知识，

才能得心应手地承担会计制度设计的相关工作。

2.拥有丰富的工作经验

会计工作人员通过将理论应用于实践的过程，能够熟悉会计工作流程，切实感受到会计业务中的不足，更容易发现会计制度一些具体内容设计方面的缺陷，及时进行设计与更改。另外，强调会计制度设计人员应具有丰富的工作经验，也可以保证设计的会计制度符合实际情况，做到理论联系实际，起到指导实际的作用。

3.熟悉相关政策、法令及法规

会计制度设计的工作人员一定要熟悉相关的政策、法令及法规，才能保证设计出的会计制度不违背国家有关方针、政策的规定，企业能够正确贯彻执行国家规范。如设计企业成本管理办法，就必须学习和掌握关于成本核算与管理的有关文件；设计小企业的相关会计制度，就必须熟悉《小企业会计制度》及相关规定。

4.具备严谨的工作作风、高度的事业心和责任感

会计制度的设计工作很大程度上是对会计管理工作标准的规定，而企业单位会计工作质量的好坏取决于标准制定的高低，因此会计制度设计人员应该对该项工作负起责任，要有务实的工作作风，谨慎认真地制定工作标准，不可马虎行事。

第三节 会计制度设计的内容

会计制度按其所包括的内容来划分，一般有两种分类法：一是把会计制度分为会计业务制度、综合性会计制度和会计人员制度。所谓会计业务制度，主要是指国家对会计科目及说明、会计账簿组织、会计报表等的统一规定；综合性会计制度主要是指企业会计核算工作规程等某些基本规定；有关会计人员方面的制度主要是指《会计人员职权条例》等。二是把会计制度分为普通会计制度与成本会计制度。普通会计制度主要是指财务会计制度方面的内容；成本会计制度则是指成本计算方面的规定，是侧重于管理会计方面的制度。会计制度最通用的一种分类方法是按照不同经营特点的行业来划分。由于社会制度不同，划分粗细的指导原则不同，各个国家行业划分也不一致，因此其会计制度也有差异。

一、会计制度设计的基本内容

会计控制主要通过会计制度的设计、实施和检查来实现，在设计上就应

该充分考虑会计制度应包括的内容。健全的会计控制制度应包括会计所能涉及的领域和必须实施的全部手段，也包括会计组织、会计程序方法、会计手续等主要内容。会计制度设计理应包括会计组织机构设计以及与财产保护和财务记录直接有关的各种措施，一般有如下一些基本内容。

（一）总则

总则一般说明制度的总体要求，如说明设计目的、实施范围、实施组织、启用时间等。

（二）会计科目和使用说明

会计科目和使用说明一般规定总分类账户和二级账户的名称、编号、类别和核算内容等。

（三）会计凭证、会计账簿和会计报表的格式及应用

这一部分主要规定原始凭证和记账凭证的种类格式，日记账、总分类账和明细账的种类、格式及使用说明，对外和对内会计报表的种类、格式及说明。

（四）会计核算形式

会计核算形式即账簿组织、记账程序和记账方法配合的方式。应用账簿的种类、格式和各种账簿间的关系，审核编制凭证、登记账簿和提供报表所需资料等的程序和方法，这些内容按不同的方式组合，就构成了不同的会计核算形式。

（五）会计处理程序手续

会计处理程序手续是对主要经济业务处理程序和应办理手续的说明。

（六）成本计算规程

成本计算规程应规定生产秩序、成本分类（材料成本、人工成本、间接成本）、产品成本计算、销售成本、成本控制与考核和成本报告等。

（七）电算化会计制度

除上述内容外，根据修订后的《会计法》要求，每个单位还应设计会计内部稽核制度和会计监督制度。

二、会计制度设计的主要内容说明

美国一些会计学者认为，会计制度是企业管理者为完成汇集、处理及编

报在其指挥监督下所从事的业务成果的工具。会计制度包括凭证、账簿、处理程序，以及记录、汇总、编报业务与财务资料所用的方法、设备，通过此项业务及财务资料，企业管理者可以控制业务活动并及时对外界有关人士说明企业经营状况。有的学者认为，完整的会计制度应包括企业基本原则、企业经营政策、企业组织、企业经营业务、会计报表、会计科目或账户、账簿、会计事务处理程序及所用表单格式、分录举例及其他事项等十项内容。如果会计制度与管理制度一道设计，前四项内容应置于管理制度设计之中，会计制度就不必再重复管理制度的内容。一般来说，会计制度必须确定的事项有：①制度制定的依据及实施范围；②制定单位的组织与业务；③会计组织系统图；④会计报表格式及编制说明；⑤会计科目的种类及使用说明；⑥会计账簿格式及记账规则；⑦会计凭证格式及填制说明；⑧会计事务的处理程序；⑨内部稽核的处理程序；⑩其他规定的事项。

会计制度应该包括哪些内容，应该根据单位性质、业务范围、所属机构、人员、设备及管理需要等因素认真加以选择与综合，使之尽量适合单位需要而成为简明、有效的管理办法。一般而言，会计制度设计有五个方面的主要内容，即会计制度总则、会计资料设计、会计事务处理准则、主要会计事务处理程序和附则等。

（一）会计制度总则

总则即会计制度的内容概述部分。这一部分内容具有很大的弹性，内容多少完全依据设计者的意志。如果与管理控制制度一道设计，其主要内容应该包括制定会计制度的依据、意义及适用范围，单位会计机构组织与会计工作任务，会计人员岗位责任制，会计核算的一般规则、记账方法、计量单位与会计年度规定，会计档案的建立与保管及会计制度实施日期等。如果单独设计会计制度，在上述内容前还应加上单位管理原则、管理政策、经营业务及组织等项内容。

（二）会计资料设计

无论多简单的会计制度，都应该有会计科目、会计凭证、会计账簿、会计报表及会计事务处理程序五个部分，前四部分是四个独立的个体，也是会计制度的核心——会计资料部分，由第五部分——会计事务处理程序把它们联结成一项完整的制度。会计资料处理流程是说明会计工作自审核原始凭证开始，经编制记账凭证、登记、结账至编制成各种会计报表的整个过程。

1. 会计科目

会计科目是会计事项分类登账的依据，在会计制度中要规定会计科目的设置原则。例如，以报表表达事项为依据，能显示会计事项的特性，以显示其变现性、流动性或重要性为原则去进行分类排列。科目编号应有利于确定科目性质，帮助记忆科目名称，便于事务处理等；内容及性质说明应简单、明白，确定会计科目与预算项目应一致等；规定会计科目名称、分类及编号表；举例说明每一科目性质及应用范围等。

2. 会计凭证

会计凭证是处理会计事务过程中所应用的表单及各种有关文件。采用记账凭证制度，即于每项经济业务发生以后，应根据其原始凭证编制记账凭证，再行记账。因此，会计凭证又分为原始凭证与记账凭证两类。会计制度应阐明会计凭证编制的原则，如强调其格式与内容要便于事务处理与保管，各种自制原始凭证的格式大小应尽量一致，原始凭证的格式采用习惯使用的格式，不同种类的记账凭证应有颜色上的区别，并以单式为宜等；说明重要原始凭证的格式及填制、审核方法；说明记账凭证的种类、格式及编制方法等。

3. 会计账簿

会计账簿是连续反映会计事项的完整资料，它应该根据会计操作方式设置。会计制度中应规定会计账簿设置的原则，如账簿格式大小应力求统一，便于使用与保存，账簿内容力求完备简明，成本账与普通账应合一或分别设置，序时账簿应设置专栏并应装订成册等，各种账簿的格式、账簿登记及使用方法应有说明。

4. 会计报表

会计报表是会计工作的最后产品，也是沟通单位内外的信息报告，应适合于受理、审阅报告人的需要。如果是单位内部使用的报表，更要有利于帮助管理者了解单位经营活动情况及其结果，帮助他们进行正确的决策，以解决管理上存在的各种问题。会计报表设计，首先应规定报表编制的原则。例如，适用性，内外有别，便于控制与考核，要有层次性、分析性、预见性资料，编报及时，应有必要的说明与补充资料等。其次，要规定各种报表的格式内容及编制说明。最后，还要规定各种报表的编送时间、份数及报送对象等。

（三）会计事务处理准则

会计事务处理准则是处理会计事务的规范，是办理会计工作的依据，是会计制度的一项重要内容。事务处理准则应与公认会计原则、程序、方法相符合，并要适合于单位经营管理者的需要。准则的内容有两个方面：一是一般性规定，二是分类规定。

一般性规定即指具有共性的规定，具体包括：会计期间起止的规定；会计事项列账基础的规定；会计科目排列次序的规定；记账单位的规定；会计方法使用一贯性的规定；收入与其成本费用配合的规定；会计科目应与预算科目相一致的规定；记录事项要以凭证为依据，分析计算要正确无误，报表要充分而正确地表达以及必要的补允说明等规定。另外，应注意殷性规定与总则中说明有重复的问题。

分类规定即按会计事项分类规定，此类规定只适用于具体事项，而不具备普遍性。一般来说，有多少种类的会计事项，就有多少种类的处理准则。最常见的有资产与负债处理准则，如规定构成资产的条件、资产入账金额、资产成本构成、资产有关特殊计价、资产内部转移及领用价值、固定资产重估价、固定资产折旧方法、存货计价方法、坏账处理、负债入账金额、偿还债务规定等；此外，还有业主权益、收入及支出处理准则等。

（四）会计事务处理程序

根据会计事务的不同性质，其处理程序有以下五个方面。

1. 普通会计事务处理程序

普通会计事务处理程序系根据合法而真实的原始凭证，编制记账凭证，登记账簿，于一定时间或需要时，进行结算、汇总而编制成会计报表，如采用电子计算机处理，应将凭证打制成卡片（或磁片）输入计算机，依照事前设定的程序处理后，打印出会计报表，并根据规定或需要将其递送的全部工作程序。会计制度中应规定普通事务处理的内容是：普通会计事务的范围，原始凭证的审核，记账凭证的编制，如何将资料输入计算机，账簿的登记结算或资料的计算机处理作业，会计报表的编报，内部损益的计算，总机构与所属机构之间的会计事务处理的联系办法，会计人员的规定，会计档案的建立与保管等。

2. 成本会计事务处理程序

成本会计事务处理程序是说明产品及劳务成本资料的归集与分配的方法。会计制度中应规定成本会计事务处理的内容是：成本项目与成木账簿的规定，生产过程的说明，材料成本的处理，人工成本的处理，间接生产费用的处理，成本的计算，内部转拨计价，标准成本制度及其他事项等。

3. 管理会计事务处理程序

管理会计是应用会计资料，以会计、统计、估测、分析及数理等方法，发掘经营中的缺点和失误，提供有用的情况，以协助管理者正确决策，如正确决定经营政策、工作计划、资源分配、资金运用、成本控制及绩效考核等；并经由会计程序做出规定，以促成管理目标的实现。在会计制度中，应规定管理会计事务的范围、利润规划、财务分析、统计方法、作业研究以及内部控制在企业管理上的应用。

4. 社会会计事务处理程序

社会会计是以社会立场来衡量企事业单位的活动所产生的社会成本及社会利益，从而确定这种社会活动对社会生活的影响，目的在于指导经济资源的正确分配，以提高整个社会的福利。在会计制度中，应规定社会会计事务的范围，社会会计科目的设置，汇总影响社会生活品质的资料，分析公害的影响，计算防止公害的投资绩效，提供防止公害的决策方案和报告单位的社会责任等。

5. 其他各种会计事务处理程序

这些程序包括预算事务程序、内部稽核程序、机器处理会计资料程序和其他业务程序等。其他业务如销售、生产、采购、存货、工薪、固定资产及投资、融资等与会计工作有关的事务处理程序，在会计制度中也应做适当的规定。销售业务、采购业务、固定资产管理业务、现金出纳及管理业务中与会计有关的事务处理可并入普通会计事务处理程序，生产业务、人事工资业务中与会计有关的事务处理可并入成本会计事务处理程序，而存货控制中与会计有关的事务处理可并入普通及成本会计事务处理程序。

第四节 会计制度设计的原则

一、信息化原则

单位会计制度应有助于会计信息的产生、加工、处理、存储、传输、反馈与利用，设计会计制度时，应充分使用信息方法，揭示会计系统的共同属性及规律性，以提高会计系统的可靠性，调整会计人员的行为，以充分发挥其主观能动性，要从会计制度上保证有效使用会计信息资料，保证会计信息的畅通，保证会计信息的及时反馈。任何单位在设计会计制度时，都要根据信息反馈过程及各阶段的特征，实行职能分立、职责分工、事务分管，以明确职责，保证信息提供与使用的正确与及时，企业应建立业务处理与凭证传递的合理程序，以保证反馈过程的流畅，防止阻塞与呆滞；在反馈过程的关键点或平衡点实行最严格的控制手续，并建立经常性的核对制度，以避免和及时发现差错；建立报告、分析制度，便于采取纠正措施，调整人的行为。

二、系统化原则

单位会计制度是一个系统,它具有整体功能和综合行为,进行会计制度设计时,应根据系统哲学思想规划制度,以便于建立系统、完整与有效的会计制度,首先要考虑到单位整体的需要,任何单位都是一个系统整体,只有系统的制度,才能有利于适应其共性需要;其次要考虑各子系统的需要与协调,因为每个单位的整体均是由相互联系、相互制约的各个部分与各个环节所组成的,各个组成因素既体现整体共性,又顽固地表现自己的个性,而且都以特定的方式相互联系与相互制约;再次要考虑整体系统适应外部环境的需要,因为任何单位均是以整体的方式与外部环境相互作用的,单位的制度体系应有利于抗干扰与自我适应。

进行会计制度设计时,应根据系统管理观点设计制度功能,无论是整体制度功能,还是个别制度功能,均应有利于系统管理的实现。作为整体制度,会计制度通过对环境的作用表现其功能;作为个别制度,会计制度通过与其他制度协调而表现其功能。要使个别制度的功能与整体制度的功能均能有益于系统管理,设计时,首先应考虑制度整体的优化,根据单位管理的一般规律和发展的总趋势,勾画出整体制度的功能与应达到的目标,并根据多级递阶性结构的框架,按不同层次设计不同的目标和程序;其次应考虑制度个体的优化,根据需要来确立制度的等级区域、元素与具体内容,根据任何一个元素管理层次与制度体系的变化或故障都会影响其他元素和整体的道理,采取各个制度相互联系与相互作用的协调方式,使系统内的每一项制度既能保证个别目标的实现,又能通过协调,促进整体目标的实现,制度系统趋近目标的行为是在一定的、有规律的过程中进行的。

进行会计制度设计时,应运用系统分析设计制度结构,结构合理的制度体系不仅使制度整体具有较好的功能,而且有助于其功能的发挥,合理的制度结构是通过系统分析建立起来的,进行制度设计时,应充分考虑到单位的整体管理需要与整体联系,不能只顾及个别管理需要与个别联系;不仅要分析个别制度的作用与其结果,而且要充分考虑到整体制度的作用与其效应;不仅要分析内部变化和外部环境影响对合理制度的需要,而且要通过对行为和功能关系的分析来确定制度层次、制度元素、制度内容、制度联系及其整合,总之,在会计制度设计中,应遵循系统化原则,也就是运用系统观点与系统方法的整体性、全面性、结构层次性、相关性、动态平衡性和综合分析统一性等特征,设计出纵横交错的牵制网络与点面结合的控制线路。

三、标准化原则

如果说信息化原则是一种目标性原则，系统化原则就是一种方法性原则，标准化原则则是一种应用性原则，也就是说，会计制度要想在特定的组织中能够有效应用，在设计时就应该满足以下几个方面要求。

（一）统一性

为适应社会主义经济发展的需要，一切微观经济活动必须符合宏观经济发展的需要，因此，在进行会计制度设计时，不得违反国家规定的一系列财政政策和财经制度，必须设计与之相适应的会计制度，否则，会计工作就不能更好地为社会主义经济发展服务。

企业会计准则是进行会计工作的恰当标准，是会计核算工作规范的高度概括，在设计会计制度时，应遵循会计准则的统一性，在制度中具体体现有关会计准则的要求。如要体现会计的社会性·会计的个体的原则，会计分期原则，体现会计在反映方式方面的客观性、一贯性、重要性、按实际成本计价、充分反映，费用与收入相配合，权责发生制，行政事业单位的收付实现制等原则。

在进行会计制度设计时，还必须满足国家统一会计指标的需要，要满足综合性指标和专项指标的需要，以利于国民经济在一定范围内进行汇总，便于国民经济各部门进行考核；同时，在设计为微观管理服务的具体指标时，应考虑到国家统一指标的需要，并且要与之相衔接、相一致，不要搞成多套指标或真假指标。

（二）适用性

会计制度是核算单位对经济活动过程进行会计管理的章程，如果不从实际出发，不反映工作的本质和需要，就不能满足管理和控制的需要，也就失去了使用价值，企事业单位可根据一般要求和针对内部管理的特点和需要，制定单位的会计制度。在制定会计制度时，必须注意以下几个方面的特点。

（1）所有制性质的特点，即会计制度设计要考虑是全民所有制，还是集体所有制、股份制及私营等

（2）经营性质的特点，即会计制度设计要考虑是企业单位，还是事业单位或行政单位。

（3）部门、行业判别的特点，即会计制度设计要考虑不同部门的特点和同一部门不同行业的特点

（4）企业、单位差别的特点，即会计制度设计要考虑单位规模的大小、

组织机构经营的业务范围和性质、工艺技术过程、人员配备和业务水平、管理上的特殊要求等等。

（三）正确性

会计制度所要求的正确性，主要是指会计信息系统中的会计报表、会计账簿和会计凭证所反映的经济事项要与事实切实相符，并且要求各种会计资料之间的相关记录也应该是相互衔接、相符一致的，因此，在设计会计制度时，应注意以下几个方面的问题：

（1）全部经济业务事项要得到真实、及时地记录，能为单位管理提供充分、正确的会计信息。

（2）各种会计处理方法要力求如实反映情况，有助于客观地提供经济业务资料。

（3）能体现管理会计的要求，例如，在设计时，可在成本项目和费用明细项目中，按成本性态进行反映（即按变动成本、固定成本和半固定成本反映），就有可能为经营决策和确定投资方案提供更加详细而适用的数据资料。

（4）要体现会计控制的要求，即在设计程序方法和手续时，应明确经办部门和人员的各自职责，应尽量多地设计核对点和平衡点，以便于交叉核对和相互牵制，保证会计信息的真实性和及时性，以利于对潜在偏差的制约对已经发生的错弊及时得到反映和纠正。

（5）要保持相对稳定性，会计制度不是一成不变的，应随着经济活动的变化而有所变化但会计制度是进行会计工作的规范，一经制定就不要轻易变动，特别要使经济业务的会计处理方法保持相对稳定，否则，就会使会计人员难以掌握，甚至会造成核算混乱，要想使会计制度在较长时间内能够保持稳定，设计时就应该多作调查研究，深入地分析问题，特别要注意经济活动发展趋势的分析，要有一定的预见性；同时，制度的有关条文也要有一定的弹性，既要说明问题，又不能过死过细。

（四）有效性

制度的有效性既是指制度内容是有效的，又是指制度实施后能有好的成效。因此，在制度设计时，就要充分注意制度的内容是否有利于加强经济核算，促进增产节约，合理使用资金和克服损失浪费现象；同时，要尽量做到手续简化，力避繁琐，会计制度是实践结果的总结，并且要用来指导会计实践，只有容易被人掌握、简便易行，才能充分发挥其应有作用，才能收到实效。

第五节 会计制度设计的程序

会计制度设计一定要以管理制度为基础，其内容和会计事务处理程序力求和业务处理程序及组织机构程序相一致，不能有矛盾之处。此外，会计制度可操作性强，贵在能够照章办理，所以设计的难度更大，必须要有计划、有组织地进行。会计制度的设计程序一般包括确定设计方式、充分地调查研究、实施具体设计、试行与修改等四个阶段。

一、确定设计方式

设计方式按设计内容来分，有全面设计、补充设计和修订设计三种。全面设计，是要求设计一套完整的会计制度，它适宜于对新建单位和老单位的重新设计。是不是所有的新建单位都要设计一套完整的会计制度呢？一般来说是这样，但也要根据具体情况而分别对待。如果新建单位业务的生产程序单纯，可以采用与其性质相同企业、单位的会计制度，或者在此基础上加以必要的修改和补充，以增加其适应性；如果新建单位规模较小而业务简单，为了简化手续，节省费用开支，可以简化同性质单位的会计制度，作为该单位的会计制度。补充设计，是指对部分经营业务的会计制度进行的设计，属于局部性设计。如一些老企业，因客观情况发生了变化出现了一些新的业务，就有必要进行补充设计。修改设计，是指为修订原有的会计制度而进行的设计。例如，对老企业不适应现在情况变化的部分会计制度所作的修改，修订设计大多数是局部性设计，但也有全面性设计。在选择确定设计方式时，应注意了解单位创建的历史背景、创建目标、应设计的内容范围。

设计方式按设计工作的组织形式分，一般又可分为单独设计、共同设计、集体设计和会议设计等四种，单独设计，是指由单位指定有设计能力的会计人员担当设计工作，或者聘请合格的会计师负责设计。这种设计方式手续简单，思考集中，不用扯皮，能迅速地完成设计工作，但对担当设计工作人员的要求较高，不仅要求其学识渊博，才干出众，经验丰富，而且要求他有很强的事业心和责任感。这种设计方式适用于小单位的会计制度设计，共同设计，是指由单位选派高级会计人员及聘请合格的会计师，共同参加设计工作。这种设计方式能针对实际需要设计较为适用的会计制度，适用于稍具规模的单位。集体设计，是指由合格的会计师或专家、企业管理人员共同组成设计小组或委员会来承担设计任务。这种设计方式，由于能吸收各家之长，可以设计出高质量的会计制度，适用于大中型单位的会计制度设计工作。其弱点是意见很难统一，往往出现扯皮或迁就现象，耗费大，时间长。会议设计，是指使用行政命令方式，召集有关会计人员开会拟订草案加以讨论，另聘专家学者为顾问以备咨询，经全体通过后上报批准，公布实施。这种设计方式比较科学，能取得良好的效果，但只能适用于政府各部门的会计制度设计。

二、进行调查研究

在设计方式确定以后，就应该根据设计的内容和要求进行充分的调查研究，做到心中有"数"。调查研究主要方式是询问情况，搜集资料，分析问题，调查研究的内容应该根据设计人员本身的需要而定，一般都要进行概况调查和业务活动处理情况的分析。

（一）概况调查

概况调查的主要内容有：单位性质和隶属关系，组织机构设置和部门职责分工，单位创建目标和经营方针，经营方法和生产过程，产品性质（品质、规格、质量要求），资金来源和分布情况，纳税方式与利润分配方式，历史经营状况与存在问题，单位、部门负责人及其素质，职工技术培训与奖惩办法，会计机构组织及人员分工与素质，会计制度现状与执行情况等等。

（二）作业调查与分析

在一般性资料取得以后，就要进一步详细地了解与会计处理有关的各种业务作业程序与方法，以助于对具体的会计事务处理进行设计。作业调查与分析的主要内容有以下几个方面。

1. 销售及应收款业务调查

在一般作业程序与规定的了解基础上，应重点调查分析如下内容：销售结算方式与自销产品的作价方法，销售预算执行及销售费用计算，销售折扣规定，应收账款追收办法，证实欠款规定，收回欠款处理，坏账损失处理，销售包装物核算方法等。

2. 生产作业调查

在对生产作业作一般了解的基础上，应重点调查和分析如下内容：生产过程中有无建立作业或成本中心；有无生产记录，有无原材料耗用记录；是否实施标准成本制度；低值易耗品核算方法等。

3. 采购及应付款业务调查

在对采购及应付款业务作一般了解基础上，应重点调在和分析如下内容：有无采购预算及其控制状况，应付款列账状况，采购付款控制，退货与折让规定，退回包装物核算等。

4. 存货控制调查

在对存货控制作一般了解之后，应重点调查和分析如下内容：有无用料预算，采购方式与结算方式，材料存量核定标准，领料手续及控制方式，退料手续及价格规定，车间小库管理办法，用料价格计算方法，材料明细核算方法，材料盘存与盘盈盘亏处理规定，呆滞、废料处理方法，零星出售核算等。

5. 人事及工资业务调查

对人事及工资业务作一般了解后，应重点调查和分析如下内容：有无健全的考勤记录，有无工资预算，工资计算方法，奖金发放规定，福利部门核算方式和工资成本计算等。

6. 固定资产管理业务调查

对固定资产管理程序作一般了解后，应重点调查和分析如下内容：固定资产增减变动核算方式，固定资产明细核算方法，固定资产折旧方法，固定资产投资与维修预算，固定资产盘点办法等。

7. 现金出纳管理调查

现金出纳管理应重点调查和分析以下内容：现金出纳业务由谁主管、由谁经办，现金出纳管理部门的组织职能，有无年度、季、月现金收支预算，所属单位现金收支有无统一管理，现金收入作业程序，每日现金收入是否当日送存银行，支票管理规定，有无控制付款规定，有无控制存款规定，有无筹款或充分运用多余资金的方法，有无盘点及核对制度，出纳是否每日结账并编制现金日报表，现金库存是否遵守限额库存规定，有价证券有无单独列账，银行利息计算，出纳应用表单及报表等。

在进行调查时，应询问有关主管人员和业务经办人员，广泛搜集现在和历史的资料，包括上级下发的和本单位产生的资料，并在此基础上进行整理分类，编制系统图和各种流程图，填制各种调查表并编写必要的说明，通过深入的分析研究，区别批评性资料和建设性资料，选择以备利用和参考。

三、实施具体设计

在调查研究的基础上，根据设计的内容和课题，遵照设计的原则，认真地进行具体设计，具体设计的工作过程一般可分为拟订顺序、逐项进行设计、全面综合调整、广泛征求意见、提出制度方案，在实施设计时，特点要考虑内部会计控制的要求，尽量多设计一些核对点和平衡点，以加强控制。

四、试行与修改

会计制度初次设计完工之后，应通过一段时间的试行（如一个季度），然后在试行结果的基础上加以修改，使其变得更加完善，方能正式施行。设计时考虑不周，在执行中就会出现偏差，或过分简化，不能充分提供管理上需要的信息；或者较为繁琐，不仅执行起来手续复杂，而且做了大量的重复劳动，费时费力；或者在某些应该加强控制的环节上，忽视了必要的手续，出了漏洞等等。通过试行，检测缺点，并在试行的基础上进行小结，总结会计制度的优缺点，然后及时修改不足的部分，修正定稿，贯彻实施成为必要。

在西方国家，会计制度设计的承担者主要是主计长、主办会计人员、高级会计人员、会计师、会计专家、会计顾问公司（或会计师事务所）程式设计员等。对会计制度的设计人员也有较高的要求，如要求品德高尚，能处于超然立场；学识渊博，有胜任的才干；经验丰富，能联系实际、融会贯通。我国企业一般也挑选业务知识丰富、富有实践经验、政策水平高、责任感强的会计人员来承担此项设计工作。其具体要求有以下各方面：

（1）深谙会计理论，全面了解会计实务，有丰富的实践工作经验，理论能够联系实际；

（2）具有内部控制、审计理论知识，通晓控制评价方法；

（3）有一定的组织管理知识和经验，对本部门、本单位业务经营有全面了解；

（4）熟悉和掌握政府有关财经政策法令、制度规定，并具备事实上的法制观念和法律知识；

（5）有较强的责任感，工作能认真负责，谨慎从事，任劳任怨等。

第二章 会计制度总则设计

第一节 会计制度依据的设计

一、会计法

《会计法》是调整我国经济生活中会计关系的法律总规范,在我国会计法律制度中处于最高地位,是会计工作的根本大法,是其他一切会计行政法规、会计规章的"母法",新中国的会计法自 1985 年颁布、1993 年修正、1999 年重新修订以来,至今已基本完善。1999 年 10 月 31 日经第九届全国人大常委会第十二次会议修订通过新的会计法,进一步明确了立法宗旨,强调要规范会计行为,保证会计资料真实、完整,加强经济管理和财务管理,提高经济效益,维护社会主义市场经济秩序。进一步完善了会计核算规则,对各单位依法设置会计账簿提出了总体要求,规定各单位必须根据实际发生的经济业务事项进行会计核算,对会计凭证的填制,会计账簿的设置和登记、财务会计报告的编制和报送进行了完善性规定,增加了对账、会计处理方法、或有事项的说明、会计记录文字等方面的内容,并对公司、企业会计核算作出了特别规定,突出强调了单位负责人对本单位会计工作和会计资料真实性、完整性的责任,明确了单位负责人为单位会计行为的责任主体,进一步强化了会计监督制度,确立了企业内部会计监督、社会监督和国家监督三位一体的会计监督体系,提高了对会计机构、会计人员的要求,严格规定了总会计师制度,强化了会计从业资格管理,首次引入了职业禁入制度。强化了会计法律责任,列举了应当承担行政法律责任或刑事法律责任的具体违法行为,以增强可操作性,修订后的会计法对社会主义市场经济的发展更具适应性,是依法治理会计工作秩序的法律保障。国家机关、社会团体、公司、企业、事业单位和其他组织必须依照《会计法》办理各项会计事务并建立、健全本单位内部会计制度。因此,设计单位内部设计会计制度时,首先必须以会计法为依据，根据社会主义市场经济体制下企业行为自主化、管理科学化、工作制度化的要求，设计符合会计法要求，能满足宏观管理需要，适应本单位特点，能指导具体操作的具有内部约束力的规范性文件，以实现企业会计目标。

二、国家统一会计制度

国家统一的会计制度，是指国务院财政部门根据《会计法》制定的关于会计核算、会计监督、会计机构和会计人员以及会计工作管理的制度，是对处理会计事务所制定的规章、准则、办法等规范性文件的总称。实行国家统一的会计制度有利于规范各单位会计行为的标准，是各单位组织会计管理工作和产生相互可比、口径一致的会计资料的依据，也是国家财政经济政策在会计工作中的具体体现，更是维护社会经济秩序的重要市场规则和保证，它有利于突出国家统一的会计制度的法律地位，以强化会计制度的统一性和权威性，保障国家统一的会计制度的贯彻实施；有利于国家在发挥市场主体作用的同时，加强宏观调控和经济管理。

国家统一的会计核算制度主要是对会计核算的基本原则以及会计科目和财务会计报告等内容作出的规定，包括会计准则和会计核算制度两个方面。

会计准则是单位进行会计核算所必须遵循的基本规范，具有很强的约束力，如企业会计准则及其具体会计准则、事业单位会计准则（试行）等。会计准则从结构上划分可分为两个层次：基本会计准则和具体会计准则。1992年11月由财政部颁布的《企业会计准则》可视为企业单位的基本会计准则，它明确规定了进行会计核算应坚持会计主体、持续经营、会计分期和货币计量四项基本前提；提出了会计核算工作应遵循的最基本的原则性规范和对会计信息的质量要求，即真实性、相关性、可比性、一致性、及时性、明晰性、权责发生制、收入和费用配比、谨慎性、实际成本计价、划分收益性支出和资本性支出、重要性以及实质性等十三项原则；对资产、负债、所有者权益、收入、费用和利润六大会计要素，在其确认、计量、记录和报告等方面作了原则性规定；分别对资产负债表、损益表（利润表）、财务状况变动表（或现金流量表）、会计报表附表、会计报表附注和财务情况说明书等财务会计报告阐明了的编制方法及报送要求。其核心是关于会计要素的确认、计量、记录和报告的基本要求和规定，它为具体会计准则的制定提供了理论依据和原则，也是企业设计内部会计制度和进行会计核算的指导思想和依据。具体会计准则是根据基本会计准则要求制定的有关经济业务的会计处理及其程序的具体规定，包括各行业共同业务的具体会计准则，会计报表的具体会计准则，特殊行业、特殊业务的具体会计准则等。1997年5月财政部根据企业会计准则颁布的《关联方关系及其交易的披露》具体会计准则，标志着我国建立具体会计准则体系的开始。1998年财政部颁布了《现金流量表》《资产负债表日后事项》收入》《债务重组》《建造合同》《投资）会计政策、会计估计变更和会计差错更正》等7项具体会计准则。1999年财政部颁布了《非货币性交易》具体会计准则。2000年财政部颁布了《企业会计准则——无形资产》《借款费用》《租赁》等4项具体会计准则，2001年财政部又颁布了《中期财务报告》《固定资产》《存货》等3项具体会计准则。随着时机的成熟，我国还将陆续颁布其他具体会计准则，最终形成我国完善的具体会计准则体系，这些具体会计准则都是企业设计会计制度和组织会计核算时的直接依据。

会计核算制度是根据会计法和会计准则制定的具体核算方法和核算程序的总称。会计核算制度和会计准则都是单位会计核算行为的规范，会计准则是会计核算制度制定的准绳，会计核算制度是会计准则的具体化。目前我国统一的会计核算制度主要有：行业会计制度，企业会计制度，金融企业会计制度，财政总预算会计制度，行政单位会计制度，事业单位会计制度等。随着我国社会主义市场经济的发展，加入WTO与国际会计惯例相协调，会计核算制度改革将不以人们的意志为转移，按照市场经济发展的要求，现行的十几个大行业的会计核算制度必须进行修订、合并和统一，形成我国综合的、具有示范指导作用的、真正统一的会计核算制度。对小型企业单位，财政部已经根据其特点颁布了《小企业会计制度》并于2005年1月1日起正式实施。

国家统一的会计监督制度主要是对会计监督主体、会计监督原则、程序和方法作出的规定。目前我国统一的会计监督制度尚未有独立成文的法规，有关会计监督的规定都散见于相关的法规规章之中，如《国有企业财产监督管理条例》《国务院稽查特派员条例》《国务院关于整顿会计工作秩序进一步提高会计工作质量的通知》《进一步规范会计工作秩序的意见》等。为了规范会计监督行为，贯彻落实新修订的会计法，颁布并实施统一的会计监督制度已成必然。

国家统一的会计机构和会计人员制度主要是对会计机构设置、会计人员管理作出的规定。属于会计机构和会计人员的制度主要有：会计机构负责人任职资格制度，会计从业资格证书管理制度，会计人员继续教育制度，总会计师条例，会计专业职务试行条例等。

国家统一的会计工作管理制度主要是对会计工作管理的原则、程序和方法作出的规定。属于会计工作管理制度的主要有：会计基础工作规范，会计电算化管理办法，会计电算化工作规范，会计档案管理办法，代理记账管理暂行办法等。

值得注意的是，实行国家统一的会计制度并非否定和排斥单位内部建立和健全内部会计制度，相反，对单位建立和健全内部会计制度提出了更高的要求。财政部 1995 年 12 月 15 日发布的《会计改革与发展纲要》中指出："各单位应当根据《会计法》和国家统一会计制度的要求，结合自身管理的需要，建立健全内部会计核算和有关管理制度，规范会计基础工作和会计工作秩序，保证对外提供会计信息的合法、真实、准确、完整，保证及时提供内部管理需要的信息和资料。"新修订的《会计法》也强调"各单位应当建立、健全本单位内部会计监督制度"，对未按照规定建立并实施单位内部会计监督制度的应依法追究法律责任。由此可见，按照（会计法》和国家统一的会计制度设计单位内部会计制度是一项法定要求。

三、国家其他相关法规

单位设计内部会计制度时除了依据会计法和国家统一的会计制度以外，还应遵循其他相关法规。这些法规有的是所有单位必须共同遵守的，如税法、支付结算办法、票据法、经济合同法等；有的则应根据其自身的特点选用，如股份有限公司必须依据《公司法》结合本公司的具体情况制定内部会计制度；如为从事证券业务的股份有限公司除上述以外，还应依据《证券法》制定内部会计制度；外商投资企业则应选用《外商投资企业法》，结合本企业的具体情况制定内部会计制度。

第二节 会计组织机构的设计

会计组织机构一般有两层含义：一是指会计机构本身，作为单位内部的一个独立系统，它是各单位组织领导和办理会计业务的职能部门；二是指单位会计机构的内部组织以及各个岗位的设置及其职责。

健全的会计组织机构及一定数量和素质的会计人员，是做好会计工作的基本条件。

《会计法》规定："各单位应当根据会计业务的需要，设置会计机构，或者在有关机构中设置会计人员并指定会计主管人员，不具备设置条件的，应当委托经批准设立从事会计代理记账业务的中介机构代理记账。《会计基础工作规范》对会计机构的设置也作了具体规定。在实际工作中，不同规模、不同组织形式的单位，其会计组织机构的设计是不一样的。

一、会计组织机构设计的原则

（一）适应性原则

设计会计组织机构，应与单位经营类型和业务规模相适应。各单位的经营类型和业务规模不同，会计组织机构的设置也不同。一般来说，经营类型简单、业务量少，会计机构可以小些；经营类型复杂、业务量多，会计机构可以大些。随着现代企业制度的逐步建立，原来在企业中按行政级别设置机构的做法将被取消，因此，单位财会机构的称谓不再与行政级别挂钩，实际工作中，大型集团公司的财会机构可设置"部"，大中型企业的财会机构可设置为"处"，小型企事业单位的财会机构可设置为"科"或"室"。

（二）牵制性原则

内部牵制是内部控制的重要内容，在设计会计机构时应贯彻内部牵制的原则。

方面要根据单位管理的要求，抓住单位生产经营的各个环节，在关键点上设置控制岗位，运用会计的专门方法和手段，达到控制单位经营运作的目的；另一方面就是要求会计机构内部每个岗位和会计人员应有明确的职权、责任和具体的工作内容，实行岗位责任制，做到分工协作、相互制约和监督，达到减少差错，防止舞弊，提高会计信息质量的目的。

（三）效率性原则

会计组织机构是搞好会计工作的基本条件，是为实现会计目标服务的，因此，会计组织机构一定要根据会计业务的实际需要和效率性原则合理设计，使会计机构及其内部各个岗位、人员各司其职，协调一致地履行职责，避免机构重叠、人浮于事、互相扯皮，努力提高会计工作效率。在实际工作中，经常会碰到会计与财务机构合设和分设的问题，根据我国惯例，会计与财务机构以合设为多，其优点是会计与财务关系密切，一个机构或一个人既管会计又管财务，使会计核算更为及时、直接，精简了机构和人员，减少了信息传递的层次和时间，可以提高工作效率；其缺点是职责不清，不利于贯彻内部控制制度，容易产生重会计核算轻财务管理的现象。从理论上来讲，会计与财务是两项各自独立的工作，职能不同，工作内容也不同。会计的职能是对单位经济活动所引起的资金运动进行核算和监督，其中包括了对财务活动的监督；财务的职能主要是筹集、使用和分配资金。因此，按照市场经济和建立现代企业制度的要求，会计与财务机构则以分设为好，从而做到会计与财务职责分明、相互制约、相互促进。但也不能一概而论，一般来说，中小型企事业单位以会计与财务机构合设为宜，并在内部组织或分工上将会计和财务职能加以区分；集团公司和大型企业则最好采取分设的办法。总之，不管会计与财务机构合设还是分设，都应以会计与财务工作协调、有序、高效进行为标准。

二、会计组织机构设计的方式

一个单位的会计工作如何组织，不外乎集中核算和非集中核算两种形式，会计机构设置必须与该单位采取的会计工作组织形式相适应，才能发挥应有的作用。因此，会计机构的设置就有集中设置和非集中设置之分。所谓集中设置（又称一级设置），就是会计核算工作主要集中在单位一级的会计机构，单位内部的部门（车间）则不设会计机构和会计人员，不办理会计业务。在这种形式下，单位一级的会计机构的规模应相应大些。所谓非集中设置（又称分级设置），就是指除了在单位一级设置会计机构外，在单位内部各部门（车间）也相应地设置会计机构，配备会计人员，办理本级范围内相应的会计业务。在这种形式下，单位一级的会计机构的规模就应相应小些。

单位会计机构是集中设置还是分级设置，应根据单位特点和管理要求，从有利于加强经济管理，提高经济效益出发来考虑。一般来说，实行集中设置、集中核算，可以减少核算层次，精简会计人员，但不便于各业务部门（车间）利用核算资料进行日常的控制、考核和分析，不便于及时解决问题；实行分级设置、分级核算，有利于各业务部门（车间）的领导和群众及时了解和关心本部门（车间）的耗费、业绩以及变化情况，同时也为单位考核部门（车间）的工作提供依据，但分级核算会增加核算层次和会计人员。

三、会计机构组织的设计

会计机构组织的设计，应与单位整个组织体系相协调。以制造业为例，会计机构组织的设计大体有三种情况：小型企业会计机构组织的设计，大中型企业会计机构组织的设计，集团公司会计机构组织的设计。

（一）小型企业会计机构组织设计

小型企业经营规模小，业务单一，生产工艺和管理方法简单，在经营组织管理上一般采取简单的"直线制"形式，即厂部→车间→班组。在这种组织形式下，所有的管理职能都集中在厂部，而会计只是厂部管理组织中的一个岗位，因此，小型企业会计机构可不必下设内部职能小组，只是对从事会计工作的人员作些岗位分工，如出纳、总账、明细账会计等，会计主管既可单设也可兼总账会计，有些小型企业甚至不单独设置会计机构，而是在本单位有关机构（如办公室或行政科）中设置专职的会计人员，并指定会计主管人员，以保证本单位的会计工作顺利开展。

小型企业会计机构虽然不设内部职能小组甚至只设人员不设机构，但在进行会计业务处理时，仍应遵循基本的会计操作规程。主要应注意下面几点：

（1）出纳与其他岗位的会计应分别由专人任职，明确职责范围，贯彻内部牵制原则。

（2）根据企业的生产经营情况和工艺流程，设定会计凭证的传递程序，按规范计量、记录，保证会计资料的真实、完整。

（3）要经常进行对账工作，保证账证、账账、账实、账表相符，提高会计信息质量。

（二）大中型企业会计机构组织设计

大中型企业经济活动比较复杂，经济关系涉及面广，管理组织通常采取"直线职能制"形式。在这种组织体系下，财务与会计既可作为两个职能部门分设，也可作为一个职能部门合设，不管是合设还是分设，都应对财务会计机构进行分工，设置内部组织，各负其责。

总会计师是企业财会工作的最高业务负责人，全面负责企业的经济核算，他与企业其他行政副职领导地位相同，直接对厂长（或经理）负责。总会计师下面设内部银行和计财处两个机构。

内部银行又称厂内银行，它是运用货币结算形式，把企业各车间、部门的经济往来由过去无偿的供应交接关系变成买卖关系，使这些单位和部门之间按等价交换原则统一通过厂内银行进行结算，以加强企业资金调度能力，考核企业内部各责任部门的业绩，更好地促进经济核算制的实行，提高企业经济效益。

内部银行的主要职责是：

（1）负责企业各单位和部门的经济结算工作，发行厂币，签发内部转账支票；（2）负责企业内部的资金调度使用、办理内部各单位、部门的借贷工作；（3）负责配合计财处进行企业有价证券的管理（包括债券、股票的发行、保管、兑付等）；（4）负责配合计财处办理企业的资金筹措（向银行等金融机构借款）；（5）按计划或定额控制成本费用，监督费用支出；（6）参与经济仲裁，提供经济信息。

计财处是"主计"和"财务"的合称，统管会计核算和财务管理工作，在计财处下又分设会计核算科、责任会计科、财务管理科三个二级机构,会计核算科主要负责供产销过程相关业务的核算,会计电算化工作,以及总账、明细账、日记账的登记和会计报表编制等工作。现金出纳业务从性质上来说,属于财务范畴,但为便于现金与银行存款的收付和核对,一般都作为会计核算科的工作内容,出纳人员也作为会计核算科的人员配备。财务管理科主要负责资金筹措、使用及效益分析,以及利润税金的计算、利润分配等工作。责任会计科主要负责责任会计的实施。

在会计核算科和财务管理科下还可按内部牵制原则进行分工,外成若干小组或岗位,通过以上设置,从而形成一个以总会计师为首、以计财处长为主管、各科科长分工负责许多小组的财务会计机构的内部组织体系。

（三）集团公司会计机构组织设计

集团公司是指拥有多个控股子公司、外公司和其他分支机构的企业。从其从事的经营活动来看,这些控股子公司、分公司和其他分支机构可以是同一行业的,也可以是不同行业的;从其外支机构分布的地域范围来看,它们可能是我国境内的集团公司,也可能是一个跨国性集团公司。

集团公司中的控股子公司是独立的法人单位,集团公司通过控股权参与其管理,因此控股子公司的会计组织机构的设置可按照上述两种企业设置要求来确定。对于集团公司本身及其分公司、分支机构会计机构的内部组织设计,既有与大中型企业相似之处,也有不同之处。在集团公司母公司中设计财部,它直接由总会计师或财务总监领导,在计财部中下设三个机构,即计财处及各职能科室、内部银行和制度管理处。在各产品分公司、各经营分公司、各地区分支机构中设计财科。

集团公司计财处的主要职责是：（1）负责母公司的日常会计核算工作；（2）负责母公司的财务管理工作；（3）负责母公司的合并会计报表的编制；（4）指导各分公司的财务会计工作；（5）负责有关财务指标的分解、公司内部价格的制定工作。

内部银行的职责与大中型企业的基本相同,不再赘述集团公司制度管理处的主要职责是：（1）负责设计集团公司会计制度；（2）负责拟订集团公司财务管理制度；（3）负责拟订公司内部会计控制制度；（4）检查各项财务会计制度的执行情况。

分公司、分支机构计财科的主要职责是：（1）负责本公司、本分支机构日常的会计核算和财务管理工作；（2）负责指导、检查分公司所属工厂、经营部的会计核算和财务管理工作；（3）负责提供本公司、本分支机构财务会计信息上报集团公司。

第三节 会计核算规则的设计

一、会计期间的确定

会计期间的确定是单位会计核算的基本前提之一，也是单位设计和选择会计方法的重要依据。为了适应单位管理者和利害关系人及时利用有用会计信息进行决策的需要，会计人员必须确定从何时开始到何时截止对其经济活动进行核算，也就是说，需要人为地将单位持续不断、川流不息的经济活动划分为若干个间隔相等的期间，以提供分阶段的会计信息。这种人为的分期就是会计期间。单位通常以 1 年作为划分会计期间的标准，也可以其他的标准来划分会计期间，如可以以 6 个月为一个会计期间。以 1 年为会计期间的，称为会计年度。在一个会计年度内，为了满足管理上的需要，还可以划分若干较短的会计期间，一般按月份或季度来划分。确定会计年度的方法有两种：一是以公历年度为一会计年度，即从每年 1 月 1 日起至 12 月 31 日止为一个会计年度。我国会计法规定各单位应以公历年度作为会计年度，这主要是因为其与我国的财政年度一致并符合单位的一般习惯。二是以某一日为开始的 365 天的期间作为一个会计年度，如"七月制"，即从当年的 7 月 1 日起至次年的 6 月 30 日止为一个会计年度。选择以某一日为会计年度的起始日，往往是以全年度经济活动的最低点为标准。

外商投资企业、有些跨国集团公司的母公司设在我国境内，子公司在国外，或者子公司设在我国境内，母公司在国外，所采用的会计年度不同，因此，在这些企业设计会计制度总则时，必须明确本企业所采用的会计年度，以便统一反映企业在一定时期内的经营成果和现金流量以及会计年度结束时的财务状况。

二、记账方法的选用

记账方法是根据一定的原理和规则，采用一定的符号，利用账户记录经济业务的会计核算方法。科学的记账方法，对提供正确、全面的会计信息，实现会计职能，完成会计工作的各项任务有着重要的意义。

记账方法有单式记账和复式记账之分，单式记账法是指对发生的经济业务，只在一个账户中作单方面登记的一种方法。由于该方法账户设置不完整，不能全面、系统地反映经济业务的来龙去脉，无法了解各会计要素有关项目的增减变动情况，也不便于检查账户记录的正确性和真实性，所以，这种方法已不适应现代经济管理的需要。复式记账法是对发生的每一笔经济业务，用相等的金额在两个或两个以上相互联系的账户中进行登记的一种方法，复式记账法虽然记账手续较单式记账法复杂一些，但它能完整地反映每一项经济业务的过程和结果，在全部经济业务登记入账以后，可以通过账户之间的相互关系对记录的结果进行试算平衡，以检查账户记录的正确性。因此，复式记账是一种科学的记账方法，是填制会计凭证、登记会计账簿、进行试算平衡和编制会计报表的基础。

复式记账法按其记账符号、记账规则和试算平衡的方法不同，可以分为增减记账法、收付记账法和借贷记账法等，其中，借贷记账法是以"借"和"贷"作为记账符号，在会计核算时按复式记账原理来记录和反映每一笔经济业务，"有借必有贷，借贷必相等。"复式记账因其科学性和合理性，目前已成为世界各国通用的"商业语言"。我国自1993年起在企业单位中统一采用借贷记账法，1998年起在财政总预算会计、事业单位会计、行政单位会计中也统一采用了借贷记账法。因此，在设计单位会计制度总则时应明确所采用的记账方法。

三、会计处理基础的确定

会计处理基础是在确定会计期间的基础上区分本期与非本期的收入和费用的入账基准。有两种方法可供选择：一是权责发生制，二是收付实现制。

权责发生制也称应计制或应收应付制，是指本期的收入和费用是以其归属期或权责关系为标准确定。凡属本期应获取的收入和应负担的费用，不论其是否在本期发生实际收支，都应作为本期的收入和费用处理；反之，凡不应归属本期的收入和不应由本期负担的费用，即使其款项在本期已经发生收支，都不作为本期的收入和费用处理。采用权责发生制，对于有关收入和费用就要按照其归属期或权责关系在本期和非本期之间进行分配确认，为此需要在会计上运用应收、应付、预收、预付、待摊、预提等一些特殊的会计处理方法。采用权责发生制进行会计核算，其优点是收入和费用两者之间存在着合理的因果关系，能较好地体现收入和费用相配合的原则，据此计算的损益能够真实地反映企业一定时期的经营成果和获利能力，也能够真实地反映企业在该会计期间终了时的财务状况；其缺点是不能真实地反映企业一定时期的现金流量。

收付实现制又称为现金制或实收实付制，是指确认本期的收入和费用是以其收支期为标准，凡在本期收到的收入和支付的费用，不论其是否应归属本期,都应作为本期的收入和费用处理;反之,凡本期未曾收到的收入或支付的费用,即使应归属本期,也不作为本期的收入和费用处理,采用收付实现制,对于收入和费用的确认只认其是否收到或支付了款项,因此,会计上一般不需要运用应收、应付、预收、预付、待摊、预提等一些特殊的会计处理方法。采用收付实现制进行会计核算,手续比较简便,可以真实地反映单位一定时期的现金流量,但难以真实地反映单位一定时期的经营成果。

目前,我国财政总预算会计和行政单位会计是以收付实现制为会计处理基础;事业单位会计根据单位实际情况,分别采用收付实现制和权责发生制;企业会计均以权责发生制为会计处理基础,只有在编制现金流量表和为了简化会计核算工作、节约核算成本、处理一些不重要的会计事项时才运用收付实现制。因此,单位在设计会计制度时,必须在总则中明确本单位所采用的会计处理基础。

四、记账本位币和会计记录文字的确定

记账本位币是指一个单位在会计核算时统一使用的记账货币,随着世界经济一体化的发展,尤其是中国加入WTO,单位涉外业务越来越多,特别是沿海沿边和对外开放地区以及外向型单位等大量使用外汇交易。在会计核算时,采用人民币记账还是采用人民币以外的货币记账,《会计法》作了原则规定,即单位会计核算应以人民币为记账本位币,业务收支以人民币以外的货币为主的单位,可以选定其中一种货币作为记账本位币,但是编报的财务会计报告应当折算为人民币。这就给外币业务发生频繁的单位如实反映和简化会计核算手续、选择适合本单位情况的记账本位币提供了理论和法律依据。因此,单位在设计会计制度总则时应明确规定本单位所选用的记账本位币,并且编制的财务会计报告应当折算为人民币反映,即单位对外报出的财务会计报告应以人民币金额反映,各个外币账户的期末余额,应以期末市场汇率折合为人民币作为编制财务报告的依据。对于我国在境外设立的企业,一般以当地的币种进行经营活动和会计核算。但为了便于国内有关部门了解企业的财务状况和经营成果,在向国内报送财务会计报告时,应当折合为人民币来反映企业情况。

会计记录文字是指会计凭证、账簿、财务会计报告等会计专业核算资料的书面表达形式,它是会计信息交流的工具,我国是一个多民族的国家,除了汉字以外还有多种少数民族文字,同时涉外单位也经常使用某种外国文字,在会计核算时到底采用哪种文字记录,必须在设计本单位会计制度总则时进行明确,我国《会计法》对会计记录文字的规定既原则又比较灵活,一方面

规定单位会计记录的文字应当使用中文,另一方面又规定在民族自治地方,会计记录可以同时使用当地通用的一种民族文字;在中华人民共和国境内的外商投资企业和外国企业以及其他外国组织的会计记录可以同时使用一种外国文字,这就给我国少数民族地方的单位和涉外单位在选择会计记录文字时提供了理论和法律依据。

五、会计政策和会计估计变更的规定

会计政策是指单位在会计核算时所遵循的具体原则以及单位所采纳的具体会计处理方法。为了保证会计信息的可比性,使会计报表使用者在比较单位一个以上期间的财务会计报告时,能够正确判断单位的财务状况、经营成果和现金流量的趋势,一般情况下,单位应在每期采用相同的会计政策,不应也不能随意变更会计政策,体现会计核算一贯性的原则。但是,也不能认为会计政策不能变更,若法律或会计准则等行政法规、经济环境变化等原因,使得变更会计政策后能够提供单位有关财务状况、经营成果和现金流量等更可靠、更相关的会计信息,则应改变原选用的会计政策,这就是会计政策变更。

会计估计是指单位对其结果不确定的交易或事项以最近可利用的信息为基础所作的判断。在进行会计处理时,会计估计是不可或缺的,例如,发生的坏账、存货陈废、预提费用和待摊费用的摊销、应计折旧固定资产的使用年限等,都需要进行估计。但是,估计毕竟是就现有资料对未来所作的判断,随着时间的推移,如果赖以进行估计的基础发生变化,或者由于取得了新的信息、积累了更多的经验或后来的发展需要,不得不对估计进行修订,这就是会计估计变更。

会计政策和会计估计变更并不表明原来的会计政策或会计估计方法有问题或不是最适当的,只表明会计政策或会计估计方法已经不能适应目前的实际情况,在目前已失去了继续沿用的依据。变更会计政策或会计估计方法,必须具有据以变更的条件或原因,同时还应明确变更的程序和批准手续。所有这些都必须在单位设计会计制度总则时明确规定。

六、运用会计科目的规定

单位会计制度一般包括总则、会计科目、会计报表、主要会计事项分录举例等。会计科目的分类、编号、名称以及对会计科目使用的详细说明都应在会计科目设计中进行规定,而在会计制度总则中对运用会计科目的规定只是原则性的要求。一般有以下几点:

(1) 单位会计制度应按照国家统一会计制度规定会计科目的编号,以便

于编制会计凭证，登记账簿，查阅账目，实行会计电算化，并保证提供会计信息的统一性，单位所属各核算部门（包括分公司、分支结构）不应随意改变或打乱重组会计科目的编号。会计制度在某些会计科目之间留有空号，供增设会计科目之用。

（2）各核算部门（包括分公司、分支机构）应按会计制度的规定，设置和使用会计科目。在不影响会计核算要求和会计报表指标汇总，以及对外提供统一财务会计报告的前提下，可以根据实际情况自行增设、减少或合并某些会计科目。

明细科目的设置，除单位会计制度已有规定者外，在不违反统一会计核算要求的前提下，各核算部门（包括外公司、分支机构）可以根据需要自行规定。

（3）各核算部门在填制会计凭证、登记账簿时，应填制会计科目的名称，或者同时填列会计科目的名称和编号，不应只填科目编号，不填科目的名称。

七、会计凭证填制的规定

单位办理经济业务事项，必须填制或者取得原始凭证并及时送交会计机构。会计机构、会计人员必须按照国家统一的会计制度的规定对原始凭证进行审核，对不真实、不合法的原始凭证有权不予接受，并向单位负责人报告；对记载不准确、不完整的原始凭证予以退回，并要求按照国家统一的会计制度的规定更正、补充。原始凭证记载的各项内容不得涂改，原始凭证有错误的，应当由出具单位重开或者更正，更正处应当加盖出具单位印章。原始凭证金额有错误的，应当由出具单位重开，不得在原始凭证上更正。记账凭证应当根据经过审核的原始凭证及有关资料编制。

八、会计账簿登记的规定

会计账簿登记必须以经过审核的会计凭证为依据，并符合有关法律、行政法规和国家统一的会计制度的规定。会计账簿应当按照连续编号的页码顺序登记。会计账簿记录发生错误或者隔页、缺号、跳行的应当按照国家统一的会计制度规定的方法更正，并由会计人员和会计机构负责人（会计主管人员）在更正处盖章，使用电子计算机进行会计核算的，其会计账簿的登记、更正应当符合国家统一的会计制度的规定。

九、编制和提供财务会计报告的规定

编制和提供财务会计报告的详细说明应在财务会计报告设计中进行规定，

在会计制度总则中只对编制和提供财务会计报告提出原则性的要求。

（一）合法性要求

单位应当按照《会计法》、国家统一的会计制度关于财务会计报告的编制要求、提供对象和提供期限的规定，根据经过审核的会计账簿记录和有关资料编制和提供真实、完整的财务会计报告。

（二）财务会计报告的内容

单位向外提供的财务会计报告包括资产负债表、利润表、现金流量表、有关附表和会计报表附注以及财务情况说明书，报表种类和格式、会计报表附注的主要内容应符合国家统一的会计制度的要求。单位内部管理需要的会计报表由单位会计制度规定。

（三）财务会计报告提供的时间

单位的财务会计报告应当按相关法规规定的时间向有关各方提供，需要向股东提供财务会计报告的，还应按公司章程规定的期限向股东提供。

（四）编制和提供财务会计报告的责任

单位向外提供的财务会计报告应依次编定页数，加具封面，装订成册，加盖公章。单位对外提供的财务会计报告应当由单位负责人和主管会计工作的负责人、会计机构负责人（会计主管人员）签名并盖章。设置总会计师的单位，还须由总会计师签名并盖章。《会计法》还特别强调了单位负责人应当保证财务会计报告真实、完整，加大了单位负责人的责任。

（五）合并会计报表编制的规定

单位对其他单位投资如占该单位资本总额 50% 以上（不含 50%），或虽然占该单位资本总额不足 50% 但具有实质上的控制权的，应当编制合并会计报表。合并会计报表的合并范围、合并原则、编制程序和编制方法，按照国家统一的合并会计报表规定执行。

十、会计人员交接的规定

会计人员因工作调动或其他原因离职，必须与接管人员办理交接手续，这样可以使会计工作前后衔接，防止账目不清、财务混乱，同时也是分清责任的重要措施。《会计法》规定：一般会计人员办理交接手续，由会计机构负责人（会计主管人员）监交；会计机构负责人（会计主管人员）办理交接手续,由单位负责人监交,必要时主管单位可以派人会同监交。在设计会计制度总则时必须明确会计人员的交接手续。

十一、会计制度与税收制度的关系

会计制度和税收制度体现着不同的经济关系,分别遵循不同的原则、服务于不同的目的。按会计制度与税收规定确认和计量收益、费用、资产、负债,其结果不一定相同,如何处理这两者关系,必须在设计会计制度总则时加以明确,根据有关法规规定,会计制度规定的会计核算方法与有关税收规定相抵触的,应当按照会计制度规定进行会计核算,按照有关税收规定计算纳税。

第四节 会计档案管理的设计

一、会计档案管理设计的原则

(一) 统一管理、分工负责的原则

统一管理是指会计档案由档案、财政部门统一管理。会计档案既是本单位全部档案的部分,又是国家全部档案的重要组成部分,因此,会计档案应由各级档案部门实行统筹规划,统一制度,进行监督和指导;同时,会计档案政策性、专业性强,分布面广,作为会计工作法定管理部门的财政部门,对会计档案又负有业务指导、检查和监督的责任,分工负责是指各单位每年形成的会计档案,应由本单位财会部门负责整理、立卷、装订成册,按期移交档案部门,由档案部门管理。财会部门与档案部门分工合作,共同做好档案管理工作。

(二) 齐全完整的原则

会计档案要全部归档,财会部门或经办人员必须按期将应归档的会计档案,全部移交给档案部门,保证档案的齐全完整,不得以方便工作为借口而自行封包保存,档案部门也不能以库房紧张、装备不足为由而拒绝保管。如果会计档案残缺不全,将会大大降低会计档案的保存和利用价值。

(三) 简便易行的原则

会计档案的工作制度、管理办法等应当力求简便易行、通俗易懂、操作简单、利用方便,以便提高工作效率,充分发挥会计档案的作用。

（四）依法管理的原则

会计档案涉及面广、政策性强、使用价值大，因此，必须加强会计档案管理的法制建设，依法管理会计档案。单位应根据法律、法规的规定，建立健全会计档案的立卷、归档、调阅、保存和销毁等管理制度，切实把会计档案管好、用好。

二、会计档案整理的设计

会计档案整理是指将会计档案分门别类、按序存放的工作，整理工作是会计档案管理的重要内容，是保存、利用会计档案的前提。

会计档案整理包括会计凭证的整理、会计账簿的整理、财务会计报告的整理和其他会计资料的整理，定期或每个月份终了，应将所有应归档的会计凭证收集齐全，并根据记账凭证分类整理其附件，剔除不属于会计档案范围和没有必要归档的资料，补充遗漏的必不可少的核算资料，按适当厚度分成若干本，填制凭证封面，统一编号，装订成册，并由专人负责保管，年度终了，各种账簿（包括仓库的材料、产成品或商品的明细分类账）在结转下年、建立新账后，一般都要把旧账送交总账会计集中统一整理，活页账还要按页码顺序排好加封面后装订成本。财务会计报告一般在年度终了后，由专人（一般是主管报表的人员或会计机构负责人）统一收集，将全年财务会计报告按时间顺序整理装订成册，经会计机构负责人审核、盖章后立卷归档。其他会计资料，包括年（季）度成本、利润计划、月度财务收支计划、经济活动分析报告都应视同正式会计档案进行收集整理，但这部分资料不全部移交档案部门，有的在一个相当长的时期内仍由财会部门保存，因此，应逐件进行筛选、鉴别，将需移交档案部门保存的，另行组卷装订并移交，其余的则由财会部门保存，以便随时利用。

会计档案的整理要规范化，封面、盒、袋要按统一的尺寸、规格制作，卷脊、封面的内容要按统一的项目印制、填写。

三、会计档案的分类和编号设计

（一）会计档案的分类设计

会计档案的分类，要遵循会计档案的形成规律和本身固有的特点，从本单位会计档案的实际出发，可选择以下分类方法。

（1）年度—形成分类法，即把一个年度形成的会计档案分为凭证、账簿、财务会计报告三大类，然后分别组成若干保管单元（卷），这种方法适用于一般的企事业单位。

（2）年度一机构分类法，即先把一个年度内形成的会计档案按机构分开，然后在机构内再按凭证、账簿、财务会计报告分别组成保管单元。这种方法一般适用于各级财政、税务、银行等部门和所属单位多的大型企业。

（二）会计档案的编号设计

为了实现会计档案管理规范化，有利于电算化处理，根据会计档案排列"年"（所属年度）、"类"（种类）、"限"（保管期限）三要素的多种组合方式，可以选用以下两种排列编号方法。

（1）一般的企业、单位可采用"年、限、类"的排列编号方法，即以每一年度的会计档案为一单元，将每个案卷按不同保管期限，从永久到最短的期限依次排列，然后将同一保管期限的案卷分类排列，最后以第一卷"永久"卷为1号，按顺序编制目录号，这些号码也作为案卷号。

（2）对于由于种种原因会计档案仍由财会部门保管的单位，可将当年的"永久"卷先过去、后现在的顺序排列，用大流水方法编号，即首卷为"1"号，以后各卷按顺序编下去。其余定期保管案卷，仍以每一年度为一单元，按上述"年、限、类"方式排列编号。

四、会计档案保管、利用和销毁的设计

（一）会计档案的保管

会计档案的保管要严格执行安全和保密制度，做到会计档案完好无缺，不丢失、不破损、不霉烂、不被虫蛀，会计档案的信息不超过规定的传递范围。

各单位每年形成的会计档案，在财会部门整理立卷或装订成册后，如果是当年的会计档案，在会计年度终了后，可暂由本单位财会部门保管一年；期满后，原则上应由财会部门编造清册移交本单位的档案部门保管。

各类会计档案的保管期限，根据其特点，可分为永久和定期两类，一般年度决算财会报告和会计档案保管、销毁清册需永久保存，其他会计资料作定期保存，定期保存期限分为3年、5年、10年、15年、25年5种。各种会计档案的保管期限，从会计年度终了后的第一天算起。各类会计档案所适用的保管期限为最低保管期限，各单位不得擅自变更。

（二）会计档案的利用

保存会计档案的最终目的是为了利用会计档案，因此，必须重视和加强会计档案的利用工作。各单位保存的会计档案不得借出。如有特殊需要，经

本单位负责人批准，可以在指定地点提供查阅或者复制，并履行登记手续，归还时要清点。查阅或复制会计档案的人员，不得在会计档案上做任何记录、勾、画和涂改，更不能拆封或抽撤单据。

（三）会计档案的销毁

会计档案保管期满需要销毁时，应由单位档案部门会同财会部门提出销毁意见，共同鉴定，严格审查，按《会计档案管理办法》规定的报批程序审批。经批准销毁的会计档案，应按规定监销。各单位按规定销毁会计档案时，应由档案部门和财会部门派人监销；国家机关销毁会计档案时，应由同级财政部门、审计部门派人监销；财政部门销毁会计档案时，应当由同级审计部门派人监销，监销人员要认真负责，在销毁会计档案以前要认真清点核对，销毁时要防止泄密、丢失，销毁后，档案部门、财会部门和各有关部门的监销人员要在会计档案目录封面上签字盖章，归档保存，并将监销情况书面报告本单位负责人。

第五节 会计岗位职责的设计

一、会计人员配备的设计

（一）确定会计人员的数量

会计人员配备的关键是确定各单位从事会计工作所需会计人员的数量和把握对会计人员的素质要求。合理地确定会计人员的数量，既避免人浮于事，又能保证会计任务的及时完成。会计人员的配备应本着"适度精简"的原则，既要精简机构，又要确保有足够数量的会计人员。

确定会计人员的数量主要依据工作量的多少。会计机构内部各个岗位工作量不同，配备的会计人员数量也应有差别。如：总账报表岗位工作量较大，就应多配备人员，而稽核岗位一般只设一人。

（二）会计人员的任职条件

从事会计工作的人员必须具备一定的法定资格，不同层次会计人员的任职条件不同。

《会计法》规定：从事会计工作的人员，必须取得会计从业资格证书。这是对会计从业人员的基本要求。而对于总会计师、会计机构负责人或会计主管人员，则要求除取得会计从业资格证书外，还应具备一定的任职条件，具体如下。

1. 总会计师的任职条件

《会计法》规定：国有的和国有资产占控股地位的或主导地位的大中型企业必须设置总会计师。总会计师相当于单位行政领导副职，直接对企业厂长或经理负责。在设置总会计师的情况下，不再设置主管财务工作的副职。

按照《总会计师条例》的规定，担任总会计师的人员，应当具备以下条件：

（1）坚持社会主义方向，积极为社会主义建设和改革开放服务。

（2）坚持原则，廉洁奉公。

（3）取得会计师任职资格后，主管一个单位或者单位内一个重要方面的财务会计工作时间不少于3年

（4）有较高的理论政策水平，熟悉国家财经法律政策和制度，掌握现代化管理的有关知识。

（5）具备本行业的基本业务知识，熟悉行业情况，有较强的组织领导能力。

（6）身体健康，能胜任本职工作。

2. 会计机构负责人或会计主管人员

会计机构负责人是在单位负责人和总会计师领导下，负担着组织管理本单位全部会计工作的责任。其工作水平的高低、质量的好坏，直接关系到整个单位会计工作的水平和质量。根据《会计基础工作规范》，会计机构负责人或会计主管人员应具备以下任职条件。

（1）坚持原则，廉洁奉公，具备良好的职业道德。

（2）具有专业技术资格条件。除取得会计从业资格证书外，还应当具备会计师以上专业技术职务资格或者从事会计工作3年以上经历。

（3）主管一个单位或者单位内部一个重要方面的财务会计工作不少于两年。

（4）熟悉国家财经法律、法规、规章和方针、政策，掌握本行业管理业务的有关知识。

（5）有较强的组织能力。

（6）身体状况能够适应本工作的要求。

二、会计人员的岗位职责设计

会计工作岗位职责设计涉及两个问题，一是要确定会计岗位数，即定岗；二是要确定各岗位的职责，即定责。

（一）会计工作岗位的设计

设计会计工作岗位时，应考虑单位经济管理对会计信息要求的详细程度

和单位经济业务工作量的大小。一般来说，要求提供经济信息详细、经济业务工作量大的单位，内部分工和岗位设置可细些；反之，则可粗些。

《会计基础工作规范》对会计工作岗位的设计规定了基本原则和要求：一是会计工作岗位可以一人一岗、一人多岗或者一岗多人，但应当符合内部牵制的要求，出纳人员不得兼管稽核、会计档案和收入、费用、债权债务账目的登记工作；二是会计人员的工作岗位应当有计划地进行轮换，以促进会计人员全面熟悉业务，不断提高业务素质；三是会计工作岗位的设置由各单位根据会计业务需要确定。

根据以上要求，会计工作岗位一般可分为：总会计师、会计机构负责人或者会计主管人员、出纳、存货核算、固定资产核算、工资核算、成本费用核算、往来结算、总账报表、资金管理、利税管理、稽核、档案管理等。如果会计和财务机构分设，还应设置财务机构主管岗位。开展会计电算化和管理会计的单位，可以根据需要设置相应工作岗位，也可以与其他工作岗位相结合。

（二）会计工作岗位职责的设计

1. 总会计师岗位职责

《会计法》规定：国有的和国有资产占控股地位或者主导地位的大中型企业必须设置总会计师。其主要职责如下：

（1）负责对本单位会计机构的设置和会计人员的配备、会计专业职务的设置和聘任提出方案，组织会计人员的业务培训和考核，支持会计人员依法行使职权。

（2）协助单位主要行政领导对企业的生产经营及基本建设投资等问题做出决策，参与新产品开发、技术改造、科技研究、商品（或劳务）价格和工资奖金等方案的制定，参与重大经济合同和经济协议的研究、审查。

（3）组织编制和执行预算、财务收支计划、信贷计划，拟订资金筹措和使用方案，开辟财源，有效地使用资金。

（4）进行成本费用预测、计划、控制、核算、分析和考核，督促本单位有关部门降低消耗、节约费用、提高经济效益，建立健全经济核算制度，利用财务会计资料进行经济活动分析。

（5）组织和监督本企业执行国家有关财经法律、法规、方针、政策和制度，保护企业财产物资的安全完整。

（6）组织和领导本单位会计制度和财务制度的制定。

（7）审核对外报送的财务会计报告，审核后签名并盖章。

2. 会计机构负责人或会计主管岗位职责

（1）协助总会计师或分管领导，开展全面经济核算，把专业核算和群众核算结合起来不断改进会计工作。

（2）组织会计人员认真学习各项财会法规、制度，根据国家有关政策规定，组织制定本企业各项会计管理制度，并督促贯彻执行。

（3）参加生产经营管理活动，参与预测、决策和业绩评价。

（4）参与拟定或审核经济合同、协议及其他经济文件。

（5）负责向本企业领导和职工代表大会报告财务状况和经营成果，审查后应签名并盖章。

审在对外提供的财务会计报告。

（6）组织会计人员进行理论和业务学习，负责会计人员的考核，参与研究会计人员的任用和调整工作。

（7）若会计与财务机构外设，应协调与财务机构主管的关系和业务衔接。

3. 财务机构主管岗位职责。

（1）具体负责本企业的资金筹措、投放、收入分配等工作。

（2）参与组织制定本企业的各项财务制度，结合本单位生产经营和供应等具体情况，按期编制财务成本计划、信贷计划并监督贯彻执行。

（3）会同有关部门组织对企业各项资金的核定工作，多渠道筹措资金，降低资金成本，提高资金使用效果并及时完成税利上缴等任务。

（4）定期开展经济活动分析，找出管理中的薄弱环节，提出改善经营管理的建议和措施，挖掘增收节支的潜力。

（5）组织财务人员进行理论和业务学习，负责财务人员的考核，参与研究财务人员的任用和调整工作，协调与会计主管的关系和业务衔接。

4. 出纳岗位职责

（1）办理库存现金的收付和银行存款结算业务。

（2）登记库存现金和银行存款日记账，并编制库存现金和银行存款日报表，及时清查未达账项。

（3）保管库存现金和各种有价证券，有关印鉴、空白收据和支票。

（4）严格控制签发空白支票。

5. 存货核算岗位职责

（1）会同有关部门拟定存货管理与核算实施办法。

（2）审查汇编材料采购用款计划，控制材料采购成本。

（3）审查存货入库、出库手续，负责存货的明细核算和有关的往来结算业务。

（4）配合有关部门制定材料消耗定额或标准，会同有关部门编制材料计划成本目录。

（5）参与在货的清查盘点，分析存货的储备情况。

6. 固定资产核算岗位职责

（1）会同有关部门拟订固定资产管理与核算实施办法。

（2）参与核定固定资产需用量，参与编制固定资产更新改造和大修理计划。

（3）负责固定资产的明细核算，编制固定资产报表。

（4）计提固定资产折旧，核算和控制固定资产修理费用。

（5）参与固定资产的清查盘点，外析固定资产的使用效果。

7. 工资核算岗位职责

（1）会同劳动人事部门拟订工资，工资基金计划、监督工资基金的使用。

（2）审核发放工资、奖金，负责工资发放和工资分配核算。

（3）按规定计提职工福利费、职工教育经费和工会经费，并及时向有关部门拨交工会经费。

8. 成本费用核算岗位职责

（1）拟订成本核算办法，加强成本管理的基础工作。

（2）编制成本、费用计划。

（3）核算产品成本，编制成本、费用报表。

（4）进行成本、费用的分析和考核。

（5）协助管理在产品和自制半成品。

（6）开展部门、车间和班组经济核算。

9. 往来结算岗位职责

（1）建立往来款项的清算手续，办理各项应收、应付、预收、预付款项的往来结算业务。

（2）负责内部备用金的管理和核算。

（3）负责债权债务和备用金的明细核算。

（4）催收外单位欠款，建立账龄分析表，按规定处理坏账损失业务。

10. 总账报表岗位职责

（1）设置总账账户，并负责登记总账，同时督促其他会计人员及时登记明细账。

（2）编制资产负债表、利润表、现金流量表及相关附表及所有者权益变动表、会计报表附注、财务情况说明书。

（3）管理会计凭证、账簿、报表等会计档案。

11. 资金管理岗位职责

（1）参与筹资方案的选择与确定。

（2）参与企业股票、债券的发行以及借款合同的签订。

（3）参与对外投资的可行性研究。

（4）参与基建投资和设备改造的可行性研究。

（5）参与客户商情调查和信用调查。

（6）进行资金使用效果的分析和考核。

12. 利税管理岗位职责

（1）与会计主管共同核实利润计算是否正确。

（2）按国家规定的利润分配程序外配利润并通知会计转账。

（3）办理纳税登记、申请减免税和出口退税、核实税金的缴纳、编制有关的税务报表和相关的分析报告、办理其他与税务有关的事项。

（4）审查利润表，并编制销售利润计划。

（5）参与应付利润的分配会议。

（6）协同会计主管分析利润增减的原因及应采取的对策。

13. 稽核岗位职责

（1）在经济业务入账之前，根据预算、计划及其他文件规定，审核财务收支、财产收发等会计凭证是否合法、合理，内容是否真实，数字是否准确。

（2）在经济业务入账之后，对会计凭证、账簿、报表的记录进行复核，以纠正记录的差错和检查记录有无算改等情况。

14. 档案管理岗位职责

（1）负责会计档案的收集、整理、装订、归档，包括：会计凭证、会计账簿、财务会计报告以及其他会计专业核算材料。

（2）负责会计档案的日常保管。

（3）编制会计档案移交清册，与档案管理部门办理到期会计档案的移交保管手续。

（4）参与会计档案保管到期销毁鉴定。

第六节 会计工作交接制度的设计

会计人员工作交接是会计工作中的一项重要内容，会计人员在调动工作或离职时应与接管人员办请交接手续，使会计工作前后衔接，保证会计工作连续进行，防止因会计人员的更换出现账目不清、财务混乱的现象，会计工作交接制度的设计，有利于保证做好会计工作交接，分清移交人员和接管人员责任，使会计人员各尽其职。

需要办理会计工作交接手续的情形包括：会计人员工作调动，因病或事离职超过3个月，撤销会计职务；单位撤销、合并、分立。

一、会计工作交接前准备工作的设计

会计人员因故离职时，必须向接替人员办理正式的会计移交手续，在移交手续未办妥前不得离职。移交人员因故不能承办移交手续时，经领导批准，可委托他人代办移交，但移交中的责任仍须由本人承担。在正式办理移交手续前，移交人必须做好以下准备工作。

（1）对已经受理但尚未填制凭证的经济业务事项，应填制相应的凭证，并登记入账。

（2）对尚未登账的会计凭证应登记完毕，并在最后一笔业务的余额后加盖经办人的印章。

（3）对全部移交资料分类整理，做到账证相符、账账相符、账实相符。

（4）对未了会计事项应写出书面材料，说明其内容、原因、处理办法及相关责任。

（5）编制移交清册，列明应当移交的会计凭证、会计账簿、会计报表、印章、库存现金、有价证券、支票薄、发票、文件、其他会计资料和物品等内容。

（6）实行会计电算化的单位，从事该项工作的移交人员还应当在移交清册中列明会计软件及密码、会计软件数据磁盘及有关资料、实物等内容。

二、会计工作交接程序和内容的设计

会计工作的交接应按移交清册逐项进行，接替人员应对移交内容逐项核对后再予以接收，主要包括以下内容。

（1）库存现金、有价证券必须根据账簿余额盘点验收。

（2）会计凭证、会计账簿、财务会计报告等各种会计档案必须完整无缺，发现资料短缺时应由移交人员查清原因，并在移交清册中加以说明，由移交人负责。

（3）银行存款账户余额要与银行对账单核对相符，各种资产、债权债务的账面余额应与实物或对方账户的余额核对相符。

（4）公章、单位负责人的印鉴、科目印章、空白支票、收据、发票等必须齐全，交接清楚。

（5）实行会计电算化的单位，交接双方应和计算机上对有关数据进行实

际操作，确认无误后方可交接。

会计机构负责人或会计主管人员办理移交手续时，除了移交所经管的会计事项外，还应将全部财会工作、重大财务收支、会计人员状况、下属单位的有关财会情况、与本单位财务往来密切的单位及人员情况等，向接替人员做详细介绍，以便接替人员尽快熟悉情况，开展工作。

在会计工作交接过程中，移交人员有责任解答接替人员对有关交接事项提出的质疑，且不得以任何理由，任何形式借故推延或不移交。同样，接替人员也不得以任何借口推延不接替。对双方均不了解的会计事项应写出书面说明，并由移交人签字负责。办理交接手续后，接替人员原则上应继续使用移交的账簿，不许自行另立新账，以保持会计记录的连续性。如果接替人员认为前任会计的有关会计处理不符合相关会计制度的规定，经单位负责人或会计机构负责人同意后，方可另建新账，并按有关规定办理更换账簿手续。

三、会计工作交接监督的设计

为保证交接工作的顺利进行，会计人员办理交接时，必须有监督人员参加，以严格交接手续、明确责任。一般会计人员交接时，应由会计机构负责人或会计主管人员监交；会计机构负责人或会计主管人员办理交接手续时，应由单位负责人监交，必要时主管单位应派人会同监交。单位撤销时，由主管部门派人接收和监交；单位合并或分立时，应由双方会计机构负责人和有关会计人员参加并由主管部门监交，必要时，由国有资产管理部门监交。

会计工作交接完毕后，应编制会计工作移交清册。移交人员、接替人员和监交人员都必须在移交清册上签章，并注明单位名称、交接日期，交接人员姓名、职务及其他需要说明的事项和意见。移交清册一般一式三份，交接双方各执一份，存档一份。此外，负责监交的人员在会计交接完毕后，还应将交接情况向单位主管领导汇报。

第三章 会计制度设计的基本方法

第一节 会计制度设计调查

一、会计制度设计调查的要求

会计制度设计调查是会计制度设计人员按照会计制度设计的内容和要求，运用一定的方法，了解掌握会计制度设计的有关情况，发现问题，为会计制度设计提供资料的过程。

会计制度设计的过程，实质上是设计人员不断发现问题，分析问题，解决问题的过程。通过调查，设计人员可以了解企业与会计制度有关的实际情况，发现企业管理工作或会计工作中存在需要解决的问题，帮助会计制度设计人员采取相应的改进措施。通过调查，可以使设计人员了解企业的实际情况，使会计制度切合企业的实际，具有更大的适用性。因此，会计制度设计调查是整个会计制度设计的基础。

在会计制度设计的不同阶段，会计制度设计调查的内容和详细程度不同，具体可以分为初步调查和详细调查。一般说来，初步调查是为概要（总体）设计服务的，应由项目负责人完成，详细调查是为分项（具体）设计服务的，应由各分项设计人员完成。初步调查与详细调查并无严格的界限划分，往往可以交错在一起进行，无论是初步调查还是详细调查其调查的要求主要有：

（1）拟订调查提纲，明确调查的内容。

（2）采用适当的调查方法。

（3）深入实际，掌握企业实际的第一手资料。

（4）在设计的不同阶段，要针对不同的目的，采用不同的调查方法，务求详略得当，减少不必要的多余劳动，如在总体设计阶段，就没有必要详细了解具体业务环节的处理过程，只要调查资料能满足总体设计需要即可。

（5）了解现状，发现问题，提出解决问题的方法。

（6）在会计制度设计调查中要积累一定的资料，注意搜集一些与设计会计制度有关的文件、法规和资料，如国家的有关法律、法规、公司章程、现行制度中的各种凭证、账簿和报表等。各种调查结果要形成文字资料。

二、会计制度设计调查提纲的拟订

在会计制度设计调查时，要事先拟订调查提纲，以使调查工作有的放矢。拟订调查提纲要做到：

（1）目的、范围明确，调查的目的不同，调查的范围和详细程度也就不同，如全面性的设计和局部性的设计、总体设计和具体设计的调查目的不同，则调查范围及详略程度自然也就不同，应拟订不同的调查提纲。

（2）调查提纲的内容应尽可能详细、具体，问题明了，而不应该是笼统的、含糊的，以便于对调查问题做出判断。

（3）对拟将调查的问题要有针对性，应切合企业实际，不能照抄照搬，或是不必要的条文罗列。

（4）调查提纲要形成文字资料，它既可以是条款形式，也可以是表格形式。

三、调查方法

会计制度设计调查主要可以采用以下几种方法：

1. 观察法

观察法是设计人员亲自到工作现场对现行会计制度的执行情况及其他有关情况进行查看，并做出相应的记录。观察法的特点是：只能对已有的现行会计制度情况进行调查，需要较多时间，且要求调查人员熟悉专业业务；观察结果比较客观，但容易遗漏。

2. 审阅法

审阅法是设计人员收集和查阅与会计制度有关的文件、表格等文字资料，并做出适当的记录。如查阅有关的凭证、账簿、报表、公司章程、国家有关的法律及法规等。查阅时，要摘录或复制与设计会计制度有关的内容，作为设计时的依据。这种方法的特点是客观具体，是会计制度设计的重要依据。

3. 参与法

参与法是设计人员亲自参加有关会计制度的执行工作，并做出相应的记录，这种方法的特点是：可以取得现行情况的第一手资料；调查结果比较准确客观，但需要较多的时间；调查者要熟悉专业业务。

4. 访问法

访问法是设计者向会计制度执行者或其他人员口头提出问题，由被访问者回答，并做出适当的记录。访问法可以采用个别访问，也可以召开座谈会进行访问，这种方法的特点是：调查问题比较集中，意见比较广泛；便于设计者了解实际情况，并与被访问者相互交流；调查需要较多的时间。

5. 调查表法

调查表法是设计人员将需要调查的问题预先设计成表格，然后要求被调查者根据实际情况填写，对调查问题的提问方式可以采用以下几种形式：是否问答式；选择问答式，即预先备置多个可能回答，供被调查者选择；一般问答式。这种方法的特点是：不便于交流，要预先说明填列要求及填制方法；容易发生遗漏；调查结果的准确性取决于被调查者的合作态度及业务水平；可以节省调查时间在实际工作中，以上几种调查的方法，应结合应用，以取得客观的第一手资料。在实际调查工作中，无论采取何种调查方法，设计人员都必须取得一定的调查资料，并对调查结果进行必要的分类、整理和分析，以此作为会计制度设计的依据。

四、总体设计的调查提纲简例（全面性设计）

1. 企业的概括情况

企业名称、性质、历史及隶属关系，企业的目标、任务，企业的资金、产值、利润、固定资产数量和职工人数，企业生产产品的种类、数量、质量、销售地区、销售方式与销售数量，企业材料消耗品种、数量、供应来源和供应方式，企业组织机构及其下属单位，企业的生产组织特点和生产工艺特点。

2. 现行整个管理系统的概况

现行管理系统主要有哪些子系统，它们主要功能和处理方式是什么，它们主要与现行会计系统存在哪些业务联系及存在哪些主要问题。

3. 现行会计系统与企业外部有哪些联系

现行会计系统与哪些外部部门或单位发生联系，与这些部门及单位发生什么样的业务关系和数据交换关系。

4. 现行会计系统的一般状况

现行会计系统的一般状况包括组织机构、人员配置，会计系统的主要功能，会计核算形式，会计科目种类、数量，会计凭证、账簿和报表的主要种类，记账方法，会计基础工作及基础数据如何，会计部门有关人员对会计制度设计的目标有何意见。

5. 会计制度设计的条件

企业主要领导及有关部门管理人员对会计制度设计的认识和态度，可以投入开发的人力、物力和财力，基础工作和人员素质方面能否满足会计制度设计及应用的要求。

6. 各主要业务活动处理程序及主要方法

它包括如货币资金核算业务，存货采购和收发业务，固定资产核算业务，产品成本核算业务，工资核算业务，销售核算业务，投资、融资业务。各主要业务处理基本程序如何、主要涉及哪些表格、处理采用哪些方法和内部控制制度，各主要业务处理数据量和工作量大概有多大，各主要业务处理存在哪些问题。

第二节 会计制度概要设计

会计制度概要设计是对所设计的会计制度做出全面的总体规划。主要包括明确会计制度设计的性质和目标及范围，规划各分项设计的内容和要求。

一、明确会计制度设计的性质、目标和范围

会计制度概要设计首先要明确会计制度设计的性质，即明确会计制度设计项目的名称及类型。应当明确会计制度设计是全面性的设计还是局部性的设计，是重新性设计还是修订性设计。

其次要明确会计制度设计的目标，即明确设计会计制度所要达到的目的、要求。设计的目标即对会计制度提出的总体要求，通常设计的目标开始是由会计制度贯彻执行单位人员提出的，这种初步的要求，往往比较含糊，还缺乏具体性和明确性，一般不能直接作为设计目标，这就要求设计人员接受设计任务后，根据初步提出的要求进行调查，将设计目标明确化、具体化，形成明确的设计目标。通常这一工作要由项目负责人同贯彻执行单位的执行人员共同研讨，反复磋商，并且要在设计过程中不断完善。系统设计的目标，是指导会计制度设计工作的基本依据，也是会计制度实施后检查验收的基本标准。

会计制度概要设计还要明确会计制度设计的范围，即明确会计制度设计内容，不同性质的会计制度设计的设计范围是不同的，如全面性的会计制度设计的设计范围是比较广泛的，它是围绕整个会计核算过程所进行的设计，主要包括会计机构设置、配备会计人员、会计人员职责分工设计、会计科目设计、会计核算形式设计、会计凭证设计、会计账簿设计、主要业务处理程序设计及会计报表设计等诸多方面；而局部性的会计制度设计则针对上述诸多方面中的某一部分或几个部分进行设计。全面性和局部性的会计制度设计概要设计的内容是不同的，通过明确会计制度设计的范围便于安排不同的会

计制度设计人员进行分工设计。

二、提出各分项设计的内容及要求

提出各外项设计的内容主要是列示出各分项设计具体条目，会计制度设计概要设计提出各分项设计的内容可以明确分项设计具体有哪些组成，对各主要业务活动处理项目来说可以明确其具体功能。例如，工资核算项目设计的内容主要有：职工增减变动设计、工资结算及发放设计、工资汇总设计、工资分配设计与工资账务处理设计提出各分项设计内容的要求主要是指出各分项设计具体原则、方式和方法等。会计制度设计概要设计提出的各分项设计内容、要求是分项设计的依据，可以作为评价考核的标准。例如，工资核算项目设计内容的要求主要有：工资核算采用手工核算，工资核算实行厂部一级核算，工资采用计时工资的月工资制，工资采用银行代发发放方式，应绘制工资核算业务流程图、工资卡片、职工考勤簿及工资结算单等各种表格，应对工资核算业务处理方法、内部制度做出文字说明等。

三、编制会计制度设计工作计划

会计制度设计概要设计完成时还应编制会计制度设计计划，即对会计制度设计工作所需人力、时间和进度等做出安排。会计制度设计工作计划一般包括列示各工作步骤及分项设计内容，设计人员、设计时间等。

四、工业企业全面性会计制度概要设计简例

××××××××企业总体设计方案
××××年××月××日

（一）设计性质目标范围

1. 设计性质

全面性的会计制度设计。

2. 设计目标

（1）按照国家统一会计制度规定确认、计量、记录、报告资产、负债、所有者权益、收入、费用、成本和利润，保证会计资料及时、准确、真实和完整。

（2）如实核算和严格监督各项财产物资的保管使用情况，保护各项财产安全完整。

（3）加强管理，促使企业加速资金周转，节约费用，降低成本，增加盈

利，提高经济效益。

（4）反映和监督国家有关方针政策、制度、法令的执行情况，促使企业严格执行财经制度。

3. 范围

范围包括会计机构及人员配置设计、会计科目设计、会计核算形式设计、会计报表设计、货币性资产会计制度设计、工资核算会计制度设计、固定资产核算会计制度设计、材料核算会计制度设计、成本核算会计制度设计、销售利润核算会计制度设计及融资与投资核算会计制度设计。

（二）分项设计的内容及要求

1. 会计机构及人员

（1）设计内容：主要包括会计机构设置，总会计师设置，会计机构负责人设置，会计人员配备，会计核算方式设置，会计工作岗位及岗位责任制设计，以及会计工作的交接制度设计。

（2）设计要求

第一，要根据本单位的业务类型、规模等生产经营特点和管理要求设置会计机构及会计人员。独立设置财务会计部，下设资金科、材料科、成本科、销售科及综合科。设总会计师一人，负责全面的财务会计及经济核算工作组织领导工作，并直接对公司总经理负责。设财务会计部部长一人，下属各科设科长一人，负责本部门工作。财务会计部配备会计人员20人，要求60%以上具有学历，高级会计师或注册会计师占10%左右，会计师占40%左右。

第二，绘制组织机构图说明会计机构及会计工作岗位设置。

第三，会计核算主要采用一级核算方式，目前主要以手工核算，并将逐步实现利用计算机进行核算。

第四，按会计工作分工设会计工作岗位，要责权分明，责权利结合，贯彻执行内部控制制度，按岗位形成书面岗位责任制文件。

第五，会计机构及会计人员设置应符合法律、法规及国家统一会计制度的规定，如国有大中型企业必须设置总会计师，从事会计工作人员必须取得会计从业资格证书等。

2. 会计科目

（1）设计内容：主要包括设计会计科目编号、名称，明确会计科目性质及分类，设计会计科目核算内容及结构，为每一级会计科目明细科目设计原则、方法或内容。

(2) 设计要求

第一，以本单位经济业务内容为依据，结合本单位会计对象特点设计会计科目。

第二，会计科目及账户设计要全面完整、界限明确。

第三，会计科目名称简明扼要，含义清楚；会计科目编号科学、合理。

第四，编制一级会计科目一览表，并以表格形式说明每一个一级会计科目的设计内容。

第五，满足本单位内外会计信息使用者要求，符合管理需要和会计核算要求。

第六，以会计准则为依据，以国家统一会计制度为基础，适当参考同行业同类型会计制度。

3. 会计核算形式

(1) 设计内容：主要包括原始凭证的审核，记账凭证的填制、审核和汇总，会计账簿的登记、核对，会计档案的管理，会计核算业务处理顺序。

(2) 设计要求

第一，采用科目汇总表账务处理程序。

第二，绘制账务处理核算业务流程图。

第三，设计记账凭证和总账表格。

第四，编写记账凭证填制、汇总等业务处理的文字说明材料及账务处理内部控制要点。

第五，账务处理程序设计应符合法律、法规及国家统一会计制度的规定，如《会计基础工作规范》《会计档案管理办法》等。

4. 会计报表

(1) 设计内容：主要包括会计报表种类、格式，会计报表编制依据、程序及方法，会计报表分析，会计报表审核报告，会计报表合并或汇总。

(2) 设计要求

第一，根据本单位内外会计信息使用者要求，合理设置会计报表指标体系，满足本单位内部管理需要，便于分析利用。

第二，绘制会计报表核算业务流程图。

第三，设计各种会计报表的表格。

第四，编写会计报表编制、分析、审核上报和汇总合并等业务处理的文字说明材料及会计报表核算内部控制要点。

第五，外部会计报表编制应符合法律、法规及国家统一会计制度的规定，如《企业财务会计报告条例》等。

5. 货币性资产会计制度

（1）设计内容：主要包括现金收支、现金日记账核算及现金盘点清查、银行存款收付各种结算方式、银行存款日记账核算及银行存款对账清查，其他货币性资产核算。

（2）设计要求

第一，全面、完整地核算和监督货币性资产的收入、支出和结存情况。

第二，绘制各种结算方式、货币性资产核算的业务流程图。

第三，设计会计凭证和日记账表格。

第四，编写货币性资产各业务处理的文字说明及其内部控制要点。

第五，货币性资产核算应符合法律、法规、国家统一会计制度及财务制度的规定，如现金结算制度等。

6. 工资核算会计制度（设计内容及要求从略）。

7. 固定资产核算会计制度（设计内容及要求从略）。

8. 材料核算会计制度（设计内容及要求从略）。

9. 成本核算会计制度（设计内容及要求从略）

10. 销售利润核算会计制度（设计内容及要求从略）。

11. 融资与投资核算会计制度（设计内容及要求从略）。

第三节 会计制度实施与验收

一、会计制度的实施

会计制度的实施，是将设计完成的会计制度实际运用到会计工作中去。具体地说，就是按设计的机构设置、人员分工、会计科目、会计核算形式及业务处理程序进行会计核算，实行会计监督。

通过会计制度的实施，可以将设计方案付诸实现，可以满足用户的需要，并可以发现所设计的会计制度中存在的问题，及时加以改正，检验设计的质量。

会计制度的实施应按以下步骤进行：

1. 做好各项准备工作

主要包括：印制各种表格；人员培训，配备人员，讲解会计制度；准备各项基础数据，主要是各种期初数据。

2. 试行新制度

试行新制度即采用设计的表格、程序、方法及规定会计制度，处理实际经济业务。在试行新制度时,设计者应当亲自参与主要业务环节的试运行工作,为制度的使用者做出示范,指导执行人员操作执行,使其掌握处理方法,理解新制度的功能,明确各自的责任;同时,设计者要检查新制度的执行情况,及时发现执行人员存在的问题,并加以纠正。

3. 完善设计的内容

在试行过程中,可能会发现新制度的某些环节存在着这样或那样的问题,对于发现的制度自身存在的问题,应立即加以纠正,并补充到新制度中去。

新制度的实施,应选择恰当的时点进行,新建企业设计的会计制度,可以在设计完成后立即实施;老企业重新设计的会计制度,其实施应选择在新会计年度的年初进行;老企业部分修订性的会计制度,其实施应选择在一个会计时期的期初进行,如月初、季初和年初进行,以保证会计资料的连贯性和可比性。

对于新旧的会计制度转换,可以根据实际情况,采取以下方式进行:立即完全转换;完全平行转换,即全部新旧会计制度平行运行使用一定时间后,再废除原有会计制度;部分顺序平行转换,即部分新旧会计制度平行运行使用一定时间后,再废除原有部分会计制度,一部分一部分地分期进行平行转换,最终完成全部转换。

二、会计制度的验收

会计制度的验收,即对已试行的会计制度进行审核、评价及鉴定,确定其是否正式交付使用。验收标志着会计制度设计工作正式完成,验收的目的在于对已试行的会计制度做出质量鉴定,决定其是否正式使用。

验收人员应包括:制度执行单位的行政领导、会计主管人员,制度执行人员,制度设计人员,精通会计理论与实务的有关外单位专家。验收标准应当是概要设计阶段提出的会计制度设计目标、分项设计的内容及要求,会计制度设计验收步骤及方法有:

(1) 审阅会计制度设计说明书等有关文件。
(2) 观察制度执行人员实施会计制度的情况。
(3) 询问会计制度执行人员对新会计制度的意见和建议。
(4) 拟订一定的样板数据对会计制度进行测试。
(5) 编制验收报告。

验收报告的内容包括:会计制度设计项目的名称,会计制度验收方法,是否达到设计目标,会计制度的主要功能和特点,会计制度存在的问题及改进意见,会计制度验收结论,验收人员的签字盖章。

第四章 会计科目及账户设计

第一节 会计科目设计概述

一、会计科目设计的意义

（一）会计科目是对会计核算内容具体外类的方法

会计核算系统性特点主要体现于会计分类。会计核算内容的分类首先按其性质分为六大类，即资产、负债、所有者权益、收入、费用、利润六要素，而会计科目是对会计要素内容所作的进一步分类。各单位发生的经济业务是纷繁复杂的，它会引起会计要素的具体形态和数量上发生变化。如果对各要素不加以具体分类，就很难满足有关会计信息使用者的要求。因此，为了全面、系统、分类地核算和监督经济业务的发生及所引起的会计要素的变化的具体情况，满足经济管理者和会计信息使用者的要求，还必须采用科学的方法对会计要素的具体内容作进一步的分类，设计会计科目就是对会计要素所作出的科学分类。

（二）会计科目是编制会计凭证的依据

单位经济业务发生后取得原始凭证，首先要对取得的原始凭证根据会计科目对其进行分类整理，其次按规定的会计科目编制会计分录即记账凭证，最后记账凭证要按会计科日进行归类、整理。

（三）会计科目是账户分类设置和账户格式设计的前提

会计科目是账户的名称，会计科目是总分类账和明细分类账开设的依据，它规定了各会计账户的具体核算内容，决定了账户格式的设计。有多少会计科目就要开设多少分类账户，企业、单位会计科目休系是建立其账薄体系的基础。

（四）会计科目的设计为会计报表的设计奠定了基础

会计报表的信息主要来自会计科目分类汇总的资料，会计科目往往又成为会计报表上的指标项目。会计报表所反映的单位财务状况和经营成果，就是根据会计科目开设的账户的余额与发生额在会计报表上的综合反映。

（五）会计科目的设计是审查稽核的基础准备

审计工作的进行首先必须明了一个单位的会计科目组织系统，然后才能详查每一账户的内容是否相符，每一笔交易的发生，均会引起会计要素的变化，都表现在各账户记录中，所以审计工作的进行就是对全部会计科目的审查、评价、分析。

二、会计科目设计的总体要求

（一）会计科目设计的原则

会计科目设计是会计制度设计的重要环节，它的设计对会计账簿、会计报表的设计有直接影响，要设计一套科学的会计科目，应遵循以下原则。

1. 根据会计主体的特点和资金运动规律来设计

经营过程的特点就是会计对象的具体特点。例如制造业中，要根据它的供应、生产销售三个过程资金循环的特点来设计，商品流通企业要根据购进、销售两个过程资金循环的特点来设计，行政事业单位则根据预算资金收支的特点来设计，营利企业要设计成本、利润类科目，而非营利单位则不需要设计这类科目，只有这样，才能使设计的会计科目全面、系统地反映和控制本部门、本单位的全部经济活动。

2. 满足经营管理的需要

会计科目既然是对会计主体各项经济业务内容进行分类的标志，通过设计的会计科目就可以提供经济管理的各项重要指标，因此，会计科目的设计就应考虑会计核算指标的一致性、可比性，并保持相对稳定，同时兼顾灵活性，确保会计信息能够在一个部门、一个行业、一个地区以至在全国范围内综合汇总、分析利用。目前我国会计科目及核算内容、使用方法等均由财政部统一制定，随着会计改革的深化和具体会计准则的逐步颁布实施，今后各会计主体就应在满足国家宏观经济管理的需要、满足有关各方了解企业财务状况和经营成果的需要、满足企业加强内部经营管理需要的前提下，按照具体会计准则的规范要求，自行设计符合本行业特点的会计科目。需要注意的是，随着社会经济环境的不断变化、会计主体业务的不断发展，在保证提供统一核算指标、满足国家宏观管理的要求下，会计主体可根据自身的特点和管理要求，灵活地对国家已制定和使用的会计科目及其内容作必要的合并和增补，对于二级科目和明细科目应根据需要由各单位自行决定设计。

3. 严格遵守科目的外延性和互拆性

会计科目设计的外延性是指集合全部一级科目能全面地、完整地反映本单位会计核算内容，能全面覆盖本单位的所有经济业务。发生任何一项经济业务都有相应的会计科目可以使用，所设置的二级科目应能核算该一级科目所核算的经济业务内容；同时，所设置的三级科目应能核算该二级科目所算的经济业务内容，不致发生无适当科目进行核算的现象。会计科目的互拆性，是指每一个会计科目（包括各级科目）核算的内容都有严格的界限，不致产生混淆不清的现象，使发生的任何一项经济业务只能有一个会计科目可以适用。

4. 合理进行总括分类和明细分类

这是指一级科目与明细科目设计数量要适当。科目数量过多会给凭证汇总与结账工作带来较大的工作量，但若分类过于笼统，一级科目过少，则分类数据指标难以准确反映客观情况。究竟应如何进行总括分类和明细分类才算合理，这是设计会计科目必须研究的问题。对经济业务内容的分类主要决定于是否符合管理需要和核算的方便，两者不可偏废。

5. 符合会计电算化的需要

会计电算化，是指利用电子计算机替代手工操作或机械操作，是以人和计算机的有机结合为系统的主体，是一个人机系统。会计科目是会计核算的基础，也是计算机处理会计数据的主要依据。会计电算化对会计科目的设置提出了新的要求。它要求科目的名称、编码、核算内容应统一，为了减少初始设置的工作，科目的层次、内容尽可能统一，并尽可能稳定。明细科目的设置原则应尽量考虑计算机处理的方便。科目的编码应加以缜密地考虑，使制度规定的编码体系满足数据编码具有系统性、通用性、可扩展性、唯一性的基本要求。

会计科目设计过程中，除要遵循上述基本原则外，还应注意以下几个问题：

（1）会计科目名称应简明易懂，字数不宜过长，能适合显示科目的性质或功能，并尽量采用已被一般公认的名称，要具有科学性并与内容一致

（2）会计科目应按照流动性、变现性或重要性为顺序进行排列，以适合编制各种报表。

（3）会计科目应有大小类别及层级隶属，以便控制及编制不同用途会计报表。

（4）科目顺序确定以后，应给予系统的编号，以确定其位置，便于会计核算工作。科目编号须具弹性，以适应业务变动时增删之用。

（5）对每一个会计科目的性质、内容及影响因素应有简单、明白、确切的说明。

（6）会计科目说明资本性支出、存货支出及费用支出时应有明确的划分。

（7）定期检查修正会计科目表，以适应业务需要。

（二）会计科目设置的基本程序

会计科目的设计是对会计要素内容的分类，包括总括分类与详细分类，并根据每一类会计科目性质与核算内容确定科目名称，规定科目用途、使用方法、编号以及主要会计事项举例等，设计时应按以下程序进行。

1. 对会计主体的经济业务进行调查，明确经济业务的内容

在设计会计科目时，首先要对本单位的情况进行深入调查研究，调查研究的内容和范围取决于设计的方式。会计科目设计的方式可以分为自行设计和委托设计等方式。其中，自行设计是指由本单位人员主持的设计，由于对自己所在单位的情况比较了解，因此，需要调查的内容和范围就相对少些；委托设计是指单位委托社会中介机构（如会计师事务所）进行的设计，由于设计人员对被设计单位的情况不甚了解，因而需要调查的内容和范围相对要多一些，一般情况下调查的内容和范围包括：（1）单位的内部组织情况，生产经营的特点、经济活动的特点，主要是指其的生产经营流程、成本核算、费用开支规程、财产物资的增减、货币项目的收付、往来款项的结算、资本金的构成以及对外投资情况等基本业务。（2）经营状况，即单位的主营业务是什么，是否还有其他经营业务，业务量有多少。（3）经营发展状况，即单位在近期或将来是否会发生新的或特殊业务。调查时，应拟订调查提纲，并采取查阅和收集有关文件、召开座谈会、发放调查表、现场调查等方式获取全面、详实的资料。总之，凡是涉及设计会计科目有关的各种信息和资料均应收集上来作为设计的参考，如果该单位已有会计科目和账簿，更要详细了解，特别要注意存在的问题，以便仔细研究、精心设计。

2. 整理分析资料，设计会计科目

对所取得的资料加以整理分析，拟订提纲目录，在此基础上对单位的经济业务进行分类。单位的经济业务一般可以分为两大类：一类是反映财务状况的经济业务，另一类是反映经营成果的经济业务。反映财务状况的经济业务，又可以从资产的取得及增减变动、债务的形成与偿还、资本的投入与增减变动等方面将其划分为资产、负债、所有者权益三个要素。反映经营成果

的经济业务，又可以从资金的耗费及成本费用的产生、资金的收回及利润的形成，将其划分为费用、收入、利润三个会计要素。在对经济业务分类后，需根据每一类经济业务的性质、单位管理和核算的需要，对每个会计要素进行细分，确定其名称即一级会计科目的名称以便进行核算与管理。

3. 对会计科目进行分类编号

会计科目编号就是对已确定的会计科目进行分类排列，采用一定的方法编制出会计科目的号码，按顺序组成会计科目表，建立分类有序的会计科目体系。

4. 编写会计科目使用说明书

会计科目的使用说明书是对会计科目的核算内容、明细科目的设置、根据科目开设的账户用途及账户结构的特点、会计科目的主要经济事项及账务处理等所作的说明。会计科目使用说明是使用者使用会计科目的标准，也是检验会计科目设计是否成功的尺度。

5. 试行和修订会计科目

为保证会计科目设计的质量，会计科目设计后必须对试行中发现的问题应及时进行修订与调整，使会计科目体系逐步趋于严密和完善。

（三）会计科目设计的基本方法

采用什么方法设计会计科目，主要取决于会计科目的适用范围、设计目标和会计主体的现状。会计科目设计的基本方法主要有以下三种。

1. 借鉴设计法（参照设计法）

此方法适用于为新成立的单位设计会计科目。其特点是根据单位经济业务的具体内容，参考相关单位的会计科目进行设计。如一个新成立的股份制公司会计科目设计除根据会计准则的有关要求外，再参照财政部制定的统一的会计科目和同类型股份制公司在会计科目设计的优点进行设计，以达到不同企业会计科目通用化、标准化的目的。

2. 归纳合并法

此方法适用于为合并或兼并的单位设计会计科目，其设计的特点是在分析各原有会计科目体系的基础上，对相同或相近的会计科目加以归类合并，重新设计能覆盖其核算内容的新的会计科目。使用该方法主要是将核算内容一致而名称不一致的会计科目统一起来，使各单位的会计核算更具有可比性。

3. 补充修定法

此方法主要适用于对现行会计科目的修订和补充，通常在经济业务有新的变化或经营管理有新的要求情况下使用，使用该方法分析、研究现有会计科目的运用情况，了解哪些会计科目可以继续使用，哪些会计科目的核算内容或使用方法需适当变动，在原有的基础上通过局部变动，设计出适应本单位新情况的会计科目体系。

第二节 会计科目设计的内容

一、会计科目总则设计

会计科目总则也称会计科目总说明，它是对会计科目这项局部性会计制度所作的总括论述。一般包括以下内容：

第一，说明该会计科目体系的设计依据。
第二，说明该会计科目体系的适用范围。
第三，说明会计科目的编号及其使用方法。
第四，列示有关增删修补的规定。
第五，其他需要说明的问题。

会计科目总则的具体内容除有关增删修补的规定外，还有两种不同的表现形式：一是包含在会计制度总则中，例如，1998年1月1日起实施的《股份有限公司会计制度会计科目与会计报表》以及1993年7月1日起实施的《工业企业会计制度》就采用了这种形式；二是单独设计会计科目总则，例如，1998年1月1日起实施的《行政单位会计制度》和《企业会计制度》（2001年1月1日起实施）就是单独列示会计科目总则的。

二、会计科目名称和编号设计

会计科目名称设计包括大类科目名称设计、一级科目名称设计和明细科目名称设计。大类科目名称设计基本上是按会计要素进行的。例如，《企业会计准则—基本准则》将会计要素划分为资产、负债、所有者权益、收入、费用、利润六大类，《企业会计准则—应用指南》据此对会计科目进行了大类项目设计。其中，既具有资产类性质，又具有负债类性质的项目称为共同类，不妨单独设为一类。大类科目名称设定后，可按会计要素包含的具体内容设计一级会计科目和明细科目。一级科目的名称与会计要素具体分类中分出的项目名称基本一致，例如，"库存现金""应收票据"。但因受设计原则所限也有不一致的科目。例如，据会计要素中的"在产品"项目所设计的一级科目名称为"生产成本"；据会计要素中"固定资产"项目设计的一级会计科目有"固定资产""累计折旧"和"固定资产减值准备"三个科目。

会计科目的编号通常可以按照三个层次设计。

首先，按照会计要素将会计科目分为资产、负债、所有者权益、成本、损益五类，每一类会计科目的首位数字相同，通常是资产类科目编号以"1"开头，负债类以"2"开头，共同类以"3"开头，所有者权益类以"4"开头，成本类以"5"开头，损益类以"6"开头。其中，共同类不是一类独立的会计要素，而是兼有资产类和负债类双重性质，若要判断其性质究竟属于资产还是负债，需要视其期末余额在借方还是贷方而定，因此单设一类的会计科目。

其次，一级科目编号通常以4位数字表示，按照资产负债表和利润表中各科目的排列顺序编号，编号时，可以顺次编，例如，"库存现金"科目为"1001"，"银行存款"科目为"1002"等，也可以在两个科目间留出一定的号码，以备企业增加科目时能够有一定的"空间"，比如，"应交税费"和"应付利息"虽然是紧挨着的两个科目，但在编号上却分别为"2221"和"2231"，中间留出10个号码的距离，以备企业增加科目时使用。

最后，二级科目的编号通常在一级号码的基础上补充两位，以6位数编号。例如，"盈余公积"一级编号为"4101"，二级明细科目"法定盈余公积"编号为"410101""任意盈余公积"编号为"410102"等。

三、会计科目使用说明设计

会计科目使用说明在《企业会计准则—应用指南》附录中称为"主要账务处理"，是对会计科目的核算内容和使用方法作出的详细解释，它可使会计人员正确理解并执行会计制度。会计科目使用说明包括下列内容：

第一，说明会计科目的核算内容和范围。核算内容是指该科目所包含的经济内容。对某些科目，还需说明易混淆的内容，指出不该在该科目核算的内容。

第二，说明各科目的核算方法。具体包括财产物资的计价方法，账户的借、贷方各登记什么内容，余额在何方，反映什么内容以及与该科目有关的各经济业务发生时应作的会计分录等。

第三，说明各科目应设置的二级、明细科目。具体有两种方法：一是概括说明设置明细科目的要求,；二是具体写明所需设置的各个明细科目及其核算内容。

第四，编写主要经济业务的会计分录，这是一项将上述科目使用说明中的科目对应关系条理化和表格化的过程，实质上是科目使用说明上述内容的延续和补充。目的是加强会计科目的可操作性，使会计人员融会贯通，编写主要经济业务会计分录时,必须有一定的逻辑性和代表性。

四、对经济业务分类设置会计科目

会计科目及账户设计一般以会计要素为线索,从大类开始逐步进行具体详尽的明细分类,并以简要的名称为其命名作为会计科目。现以工业企业为例,说明会计科目的设计。

1. 资产

资产是指过去的交易、事项形成并由企业拥有或者控制的资源,该资源预期会给企业带来经济利益。资产包括各种财产、债权和其他权利。资产按其流动性可以分为流动资产和非流动资产。

(1) 流动资产是指预计在一个正常营业周期中变现、出售或耗用,或者主要为交易目的而持有,或者预计在资产负债表日起 1 年内变现的资产,以及自资产负债表日起 1 年内交换其他资产或清偿负债能力不受限制的现金或现金等价物。包括库存现金、银行存款、交易性金融资产、应收利息、应收股利、其他应收款、应收及预付款项、存货等。

(2) 非流动资产是指流动资产以外的资产,主要包括持有到期投资、长期应收款、长期股权投资、投资性房地产、固定资产、在建工程、无形资产、长期待摊费用、可供出售金融资产等。

2. 负债

负债是指企业过去交易或事项形成的、预期会导致经济利益流出企业的现时义务。负债是企业承担的,以货币计量的在将来需要以资产或劳务偿还的债务。它代表着企业偿债责任和债权人对资产的求索权。负债按流动性分类,可分为流动负债和非流动负债。

(1) 流动负债是指在将在一年或者长于一年的一个营业周期内偿付的债务。包括短期借款,应付票据,应付及预收款项,应付职工薪酬,应交税费,应付利息等。

(2) 非流动负债包括长期借款,应付债券,长期应付款等。

3. 所有者权益

所有者权益是指企业所有者对企业净资产的要求权。所有者权益由实收资本、资本公积、盈余公积和未分配利润四部分构成。

(1) 实收资本:企业的实收资本是指投资者按照企业章程,或合同、协议的约定,实际投入企业的资本,所有者向企业投入的资本,在一般情况下无须偿还,可以长期周转使用。

(2) 资本公积:资本本身升值或其他原因而产生的投资者的共同的权益。

包括资本（或股本）溢价、接受捐赠资产、外币资本折算差额等，资本（或股本）溢价，是指企业投资者投入的资金超过其在注册资本中所占份额的部分；接受捐赠资产，是指企业因接受现金和非现金资产捐赠而增加的资本公积；外币资本折算差额，是指企业接受外币投资因所采用的汇率不同而产生的资本折算差额。

（3）盈余公积：企业从实现的利润中提取或形成的留存于企业内部的积累。

（4）未分配利润：企业留于以后年度分配的利润或待分配利润。

4. 收入

收入广义的概念将企业日常活动及其之外的活动形成的经济利益流入均视为收入，狭义的概念则将收入限定在企业日常活动所形成的经济利益总流入，现行制度指企业在日常活动中形成的、会导致所有者权益增加的、与所有者投入资本无关的经济利益的总流入。所涉及的收入，包括销售商品收入、提供劳务收入和让渡资产使用权收入。

企业代第三方收取的款项，应当作为负债处理，不应当确认为收入。收入包括：

（1）主营业务收入；是指核算企业在销售商品、提供劳务等日常活动中所产生的收入。

（2）其他业务收入：是指企业除商品销售以外的其他销售及其他业务所取得的收入。

它包括材料销售、技术转让、代购代销、固定资产出租、包装物出租、运输等非工业性劳务收入。

5. 费用

即企业为销售商品、提供劳务等日常活动所发生的经济利益的流出，包括计入生产经营成本的费用和计入当期损益的期间费用。费用包括：

（1）直接费用：直接费用是直接为生产商品或提供劳务等发生的直接人工、直接材料和其他直接费用，这些费用直接计入生产经营成本，企业应设置"生产成本""主营业务成本"及"其他业务成本"等科目进行核算。

（2）间接费用：间接费用是指不能直接计入生产或销售成本，应按一定标准分配计入产品成本的各项费用，如制造费用等，企业应设置"制造费用"等科目进行核算，按费用类别设置明细核算。

（3）期间费用：期间费用是指企业在一定会计期间发生的直接计入当期损益的各种费用，如为组织和管理生产经营活动而发生的管理费用和财务费用，为销售而发生的销售费用等，企业应分别设置"管理费用""财务费用"

及"营业费用"等科目进行核算，按费用类别设置明细科目。

6. 利润

利润是指企业在一定会计期间的经营成果。利润包括：

（1）营业利润：营业利润为营业收入减营业成本、期间费用和各种流转税及附加费用的余额，企业应设置"本年利润"科目进行核算。

（2）投资收益：投资收益是企业对外投资盈利减去投资损失后余额，企业应设置"投资收益"科目进行核算，按投资收益种类设置明细科目。

（3）营业外收支净额：营业外收支净额是指与企业生产经营活动没有直接关系的营业外收入减营业外支出后的余额，企业应分别设置"营业外收入"和"营业外支出"科目进行核算，按收入和支出的类别设置明细科目。

第三节 各类会计科目的设计方法

一、总分类会计科目的设计

企业总分类会计科目的设计包括确定总分类会计科目的分类标准、根据企业经济业务的需要筛选《企业会计准则》科目并设计企业所需要的总分类会计科目的名称与核算内容。其具体设计方法如下：

（一）确定总分类会计科目的分类标准

总分类会计科目既可以按照企业经济业务的内容分类，也可以按照用途和结构进行分类。如果企业在经营管理上有对总分类会计科目按照用途和结构分类的需要，可以按此标准分类，使企业能够及时掌握盘存资产、企业间往来结算、所有者投资、成本和财务成果等状况。

在一般情况下，企业总外类会计科目应该以按照企业经济业务的内容进行分类为基础，因为会计报表中各项指标的数据都来源于根据会计科目开设的账簿中账户金额的记录汇总，而资产负债表和利润表项目是按照经济业务的内容进行划分的，这样分类充分考虑了编制会计报表的要求，使整个组成体系中的会计科目与会计报表的指标口径相适应，使账簿中的账户记录能最方便地提供编制会计报表所需要的数据资料。

（二）根据企业经济业务的需要筛选设计《企业会计准则》科目

企业可根据实际需要，对《企业会计准则》中的科目进行筛选，通过增设、分拆、合并会计科目的方法，设计符合本企业的业务需要和管理需要的总分类会计科目。例如，企业内部有周转使用的备用金，应增设"备用金"科目；如果企业预付账款情况不多，可不设置"预付账款"科目，而将预付的款项直接记入"应付账款"科目；企业不存在的交易或事项，不设置相关会计科目。

企业在选择所需要的总分类会计科目名称时，应充分考虑其核算内容，使名称与其核算内容相一致，并做到含义明确、通俗易懂、繁简适当。

1. 资产类总分类会计科目的设计

（1）货币资产类会计科目的设计

货币资产是指可以立即投入使用，用以购买商品或劳务，或用以偿还债务的交换媒介物，在流动资产中，货币资产的流动性最强，并且是唯一能够直接转化为其他任何资产形态的流动资产，也是唯一能够代表企业现实购买力水平的资产。为了确保生产经营活动的正常进行，企业必须拥有一定数量的货币资产，以便购买材料、缴纳税费、发放工资、支付利息及股利和进行对外投资等。为加强对其的核算与管理，企业可按其存放地点的不同设计"库存现金""备用金""银行存款"和"其他货币资金"等科目。

（2）存货资产类会计科目的设计

存货资产是指企业在日常活动中持有以备出售的产成品或商品、处在生产过程中的在产品、在生产过程或提供劳务过程中耗用的材料和物料等。属于存货范围的内容很多，不同种类、不同内容的存货各有其不同的作用和管理要求。为了便于对不同存货的管理和核算，对于企业的存货应按企业的经营特点、不同存货的作用与特点分别设置相应的会计科目，如工业企业设置"材料采购"或"在途物资""原材料""材料成本差异""库存商品"和"存货跌价准备"等科目。

（3）应收与预付款项类会计科目的设计

应收与预付款项是指企业在日常生产经营过程中发生的各项债权。应收与预付款项主要反映企业在生产经营过程中采用商业信用方式进行商品购销活动而形成的对其他企业的债权关系，同时它也是企业速动资产的组成部分。在市场经济条件下，商业信用活动存在一定的不稳定性，应收与预付款项往往有一部分不能收回影响企业的资金周转和偿债能力。为此，企业需设置"应收账款""应收票据""应收股利""应收利息""预付账款"和"其他应收款"等科目；为核算企业可能发生的坏账损失，还应设置"坏账准备"科目作为"应收账款"和"其他应收款"的调整科目。

（4）投资类会计科目的设计

企业的对外投资是指将企业的资产投放于其他单位，其主要目的是利用暂时闲置的资产获取较高的投资收益，或为了长远利益而控制其他在经济业务上相关联的企业，或为将来扩大经营规模而积累资金。企业应根据投资目的或类别分别设置"可供出售金融资产""持有至到期投资"和"长期股权投资"等科目；为核算其可能发生的减值情况，还应设置"持有至到期投资减值准备"和"长期股权投资减值准备"等科目。

（5）固定资产类会计科目的设计

固定资产是指为生产商品、提供劳务、出租或经营管理而持有的，使用寿命超过一个会计年度的有形资产。它是企业在生产经营过程中使用的主要劳动资料，其数量和质量在一定程度上反映企业生产经营规模的大小和技术装备水平的高低，对企业生产经营活动的发展具有十分重要的作用。为加强对固定资产及其建造工程的管理与核算，企业应设置"固定资产""累计折旧""固定资产清理""在建工程""工程物资"和"固定资产减值准备"等科目。

（6）无形资产类会计科目的设计

无形资产是指企业拥有或者控制的没有实物形态的可辨认非货币性资产。无形资产的内容广泛，对于增强企业生产经营的获利能力具有重要的作用。为加强对无形资产的管理和核算，企业应设置"无形资产""累计摊销"和"无形资产减值准备"等科目。

此外，企业还应按照《企业会计准则》的规定和实际需要，根据核算内容设置一些必要的资产类会计科目。为加强对先支付、后摊销费用的核算与管理，企业应设置"长期待摊费用"科目；为合理反映财产清算中各种财产的溢余和短缺情况，企业应设置"待处理财产损溢"科目；等等。

2. 负债类总分类会计科目的设计

（1）借款类会计科目的设计

企业为了维持正常的生产经营活动，经常向银行或其他金融机构借款，如为了建造或购买固定资产而借款或发行债券筹资，从而形成企业的长、短期借款。企业为了加强对这种借款的管理和核算，应设置"短期借款""长期借款"和"应付债券"等科目。

（2）应付及预收类会计科目的设计

应付及预收款项是指企业在采购材料物资、结算职工薪酬、计算投资者利润和应当缴纳的税费等方面形成的一种债务。为加强对这部分负债的管理和核算，企业应设置"应付账款""应付票据""预收账款""应付职工薪酬""应交税费""应付股利"和"其他应付款"等科目。

（3）预计负债类会计科目的设计

预计负债，是指企业对外提供担保、商业承兑汇票贴现、未决诉讼、产品质量保证等很可能产生的负债，这种负债取决于有关的未来事件是否发生。为了加强对或有负债的管理和核算，企业应设置"预计负债"科目。

此外，对于应当分期计入利息费用的未确认融资费用，企业应设置"未确认融资费用"科目；对于确认应在以后期间计入当期损益的征收补助，企业应设置"递延收益"科目；等等。

3. 所有者权益类总分类会计科目的设计

为了管理和核算企业接受投资而形成的投入资本、随着企业生产经营活动的开展投入资本的增值以及企业利润的形成和分配情况，企业应当设置"实收资本"（或"股本"）、"资本公积""盈余公积""未分配利润"和"利润分配"等科目。

4. 成本类总分类会计科目的设计

为了管理和核算企业进行工业性生产而发生的各项生产成本、生产车间为生产产品和提供劳务而发生的各项间接费用，对外提供劳务而发生的成本、研究开发无形资产过程中发生的各项支出等业务，企业应设置"生产成本""制造费用""劳务成本"和"研发支出"等科目。

5. 损益类总分类会计科目的设计

（1）反映营业收入和营业支出会计科目的设计

为了核算企业销售商品及提供劳务过程中实现的收入和应结转的成本、除主营业务活动以外进行其他经营活动实现的收入和发生的支出、营业过程中发生的税金支出及管理费用，因投资而发生的收入和损失及各项资产减值损失的情况，企业应设置"主营业务收入""主营业务成本""其他业务收入""其他业务成本""营业税金及附加""管理费用""财务费用""销售费用""投资收益"和"资产减值损失"等科目。

（2）反映营业外收入和营业外支出会计科目的设计

为了核算企业发生的各项营业外收入、支出和应当从当期利润总额中扣除的所得税的情况，企业应设置"营业外收入""营业外支出"和"所得税费用"等科目。

6. 共同类会计科目的设计

金融企业在设计总分类会计科目时，必须考虑共同类会计科目，设计反映企业间业务往来款项，采用分账制核算外币交易产生的不同币种间兑换情况的"清算资金往来"和"货币兑换"等科目，而其他企业则不需要设置。

以上概括地介绍了企业总分类会计科目的设置方法。企业在具体设计总分类会计科目时，必须根据《企业会计准则》的规定、企业的业务特点及管理需要进行设计。

二、明细分类会计科目的设计

在会计科目体系中，各级会计科目的构成可根据总分类会计科目的性质和要求来决定，大体有以下几种情况：(1) 一级科目不设明细科目；(2) 一级科目下设二级明细科目；(3) 一级科目下设二级、三级明细科目；(4) 一级科目下设三级以上科目。可见，明细分类会计科目的设置比较灵活，除《企业会计准则》的统一规定以外，各企业可根据其生产经营特点、企业管理要求和编制报表的需要进行设置。

不同企业设计明细会计科目的方法不同，常用的明细科目设计方法有：

（一）按总分类会计科目核算的内容类别设计

总分类会计科目核算的内容可以划分具体类别的，按总分类会计科目核算的内容类别设计明细科目。例如，"原材料"科目可以按照原材料的类别和项目设置"原料及主要材料""辅助材料""燃料"等二级科目，再根据具体材料的名称设置三级科目如"原材料——原料及主要材料——面粉"；"固定资产"科目可以按照固定资产的类别和项目设置"建筑物""机器设备"和"运输工具"等二级科目，再根据具体固定资产的名称设置三级科目；"无形资产"科目可以按照无形资产的类别和项目设置"商标权""专利权""非专利专有技术""著作权"和"土地使用权"等二级科目，再根据具体无形资产的名称设置三级科目。"工程物资""应交税费""长期待摊费用""长期应付款"和"资本公积"等科目一般都按此方法设计明细科目。

（二）按总分类会计科目核算的对象设计

应收、预付、应付和预收等债权债务结算科目主要反映和监督企业与其他单位或个人之间的债权债务结算情况。其中，反映债权结算情况的科目要明确应收谁的款、向谁收的问题，即债务人是谁；反映债务结算情况的科目要明确款项应付给谁、向谁付的问题，即债权人是谁。因此，这类会计科目要按债权债务的核算对象设置明细科目。"应收账款""应收股利""其他应收款""预付账款""应付账款""应付股利""其他应付款"和"预收账款"等科目使用该方法设计明细科目。

企业在采购材料物资时为了区别从不同单位购进的货物，所使用的"材料采购"或"在途物资"科目也可按对方单位来设计明细科目，如"材料采购——明远化工厂"等。

（三）按总分类会计科目的来源或支出的用途设计

企业取得的收入和费用支出可按其来源或用途设计明细科目。例如，"主营业务收入"科目可按照企业取得收入的产品或项目设计明细科目如"主营业务收入——自营出口销售收入"；"营业外收入"科目可按照获得该收入的来源分类设计明细科目如"营业外收入——捐赠利得"；"管理费用""销售费用""财务费用"和"营业外支出"等科目可按照支出分类设计明细科目。

（四）按总分类会计科目涉及的部门设计

企业为考核各部门的业绩和明确各部门的责任，有些总分类科目可以按照部门设计明细科目。例如，"制造费用"科目核算各生产车间为生产产品所发生的间接费用；企业内部周转使用备用金的，可单独设置"备用金"科目核算各部门费用和报销备用金情况。这两个总分类会计科目都应按照涉及的部门设计明细科目。

（五）按总分类会计科目核算的种类或存放的地点设计

为了对财产物资进行有效管理，有些总分类会计科目可以按照财产物资的种类或存放地点设置明细科目，如"原材料""库存商品"等科目。

第五章 会计凭证设计

第一节 会计凭证的作用和意义

一、会计凭证的作用

会计凭证，是用来记录经济业务、明确经济责任，并据以登记账簿的书面证明。各个单位每发生一笔经济业务时，都应当按照规定程序和要求填制会计凭证。在会计工作中，一般由执行和完成该项经济业务的有关部门或人员，取得或填制能证明经济业务内容、数量和金额的凭证，并在凭证上签名或盖章，对凭证的真实性和正确性负责。一切会计凭证还必须由有关人员严格审核，经审核无误后才能作为登记账簿的依据。填制和审核会计凭证是会计核算的一种专门方法。它是核算和监督经济业务的开始和基础。在设计会计凭证时，应规定发生经济业务时，必须按规定填制或取得会计凭证，同时，一切凭证都必须按规定的时间和传递程序送交会计部门审查。只有审查合格的凭证，才能作为记账的依据，认真填制和严格审核会计凭证，对于完成会计工作任务、发挥会计在经济管理中的作用具有十分重要的意义。

会计凭证的作用有以下几个方面：

（一）记录经济业务，提供会计信息

取得和填制合法的原始凭证，是会计信息惟一的、重要的来源，编制会计凭证，是对取得会计信息进行加工和处理，使之成为有用的会计信息，并作为记账的依据。因此，会计凭证设计是否恰当，关系到能否及时正确地反映经济业务，能否保证会计核算的真实、完整，能否按规定向企业内部和外部提供准确、公允的会计信息。

（二）明确经济责任，便于内部控制

会计凭证是经办和审批业务的重要证明，在凭证设计上要求经办人员、负责人和财务人员的签字，以明确在业务处理过程中所负有的责任。设计得当的会计凭证，能够促使有关人员在自己的职责范围内严格按照规章办事，提高责任感；还能够促使部门之间，业务人员和财务人员、企业领导和业务人员、财务人员之间相互控制。

（三）为监督检查提供主要依据

设计恰当的会计凭证，可以证明经济业务真实、正确、合法、合理。通过对凭证的审核，可以检查业务是否正常，是否符合有关政策、法令的规定，为各级部门的监督检查提供依据。

（四）保证会计信息的传递与保管

会计凭证是会计信息的载体，设计恰当的会计凭证有利于会计信息在部门之间、财务人员之间的传递，减少迂回环节，提高工作效率。另外，会计凭证是重要的会计档案，设计恰当的会计凭证，有利于对会计凭证的保管和随时查阅。

二、会计凭证设计的原则

原始凭证的功能在于忠实地记录经济业务的发生过程，而记账凭证在于对原始凭证的忠实地整理加工，以利于记账。虽然它们两者用途不同，但必须根据企业经济业务的特点来进行设计。其应遵守的原则是：

（1）要有利于提供完整、详细的第一手资料，如把经济业务发生的时间、地点、内容、条件、责任情况记录下来，为正确、及时反映各项经济业务情况及进行账务处理奠定基础。

（2）要有利于进行各种核算、分析、检查，有利于加强企业的经济核算。如规定编制各种不同的凭证，建立合理的传递程序等，使企业内部各个部门之间的联系不断加强。

（3）要适应内部会计控制的需要，要充分发挥会计凭证是控制手段的作用，如多设核对点等（凭证存根、连续编号、多联复写等），使凭证设计遵守统一性，做到规范化。如尽量应用全国或地方统一的会计凭证，单位内部采用的会计凭证其种类、格式、用途尽量做到统一和标准化。

（4）要遵守相对稳定的原则，一经选用的原始凭证和记账凭证不要轻易改动。

三、会计凭证设计的要求

会计凭证具有重要作用，因此要认真设计凭证，满足各方面的要求。

（一）设计会计凭证应如实地反映经济业务的真实情况

原始凭证是对经济业务的写实，记账凭证是对经济业务的科学分类，因此会计凭证的设计应做到：①能全面反映经济活动的真实情况，例如，经济活动的发生时间、内容、责任等情况；②凭证要素齐全，凭证要素是指会计凭证中必须具备的项目和内容，例如，对外原始凭证中应设计凭证名称、填制日期、填制单位、接受单位、业务内容、数量、单价、计量单位、金额大写与小写、填制人签章等内容，而缺少某一要素就显得不完整；③中心内容或主要内容应排列在凭证的重要位置；④对记账凭证而言，科目对应关系要清楚，不仅要有总账科目的位置，还要有明细科目的位置；⑤颜色鲜明、易于区分不同用途的联次，如收款收据一般为三联，第一联给交款人，第二联记账，第三联为存根，各联颜色应有明显区别并标明各联联次。

（二）设计会计凭证应满足内部控制制度的要求

会计凭证是实行内部控制的重要手段之一。在设计会计凭证时，要注意考虑健全内部控制制度的需要，采取相应的方式，如凭证存根、连续编号和复写多联等方式。此外，在设计凭证时还应考虑凭证的流转顺序、签字审核顺序，以便凭证流转的每道环节相互控制和相互制约。

（三）设计会计凭证应简明实用

会计凭证的用途广泛，内容复杂，在设计凭证时，应当在保证需要的前提下，力求简化，切合实际，凭证上的文字也应当通俗易懂，有利于基层人员和非专业人员的参与管理。在这里还应指出，一些可有可无的内容应当删去，不要包罗万象，应注意会计凭证的实用性、可行性。

第二节 原始凭证的设计

一、原始凭证的分类

原始凭证是在经济业务发生时直接取得或填制的凭证，用来作为证明会计事项的过和作为编制记账凭证的依据，原始凭证主要可以分为外来凭证和自制凭证两种，但也有其他各种分类：

（1）按凭证取得的来源分主要有外来原始凭证和自制原始凭证。自制原始凭证又可以再分为自制对外凭证和自制对内凭证，前者如销售发票、收款收据等，后者如领料单、各种成本分摊凭证等。

（2）按用途分主要有：通知凭证，如各种调拨单、出库通知单等；执行凭证，如各种入库单、领料单、销售发票、收款收据等；转账手续凭证，如费用分配表、成本计算单、赤字更正单等；联合凭证，即指同时具有上述两种以上功能的凭证，如领料单既具有通知凭证的用途，又具有执行凭证的用途，同时，有的凭证多联使用，每联各有不同的用途，该种凭证也可以叫联合凭证。

（3）按凭证记录的次数和时限分主要有：一次凭证，即只能使用一次的凭证，如领料单；累计凭证，即在同一凭证上可连续记录同一业务的凭证，如限额领料单等。

（4）按凭证格式的适用性分主要有：通知凭证，适用于各不同行业、不同企业的普通格式的凭证，如销售发票、收款收据等；专用凭证，只适用于本企业特殊格式的凭证。

除上述四种分类法外，还有按照凭证的发生次序分为最初凭证、汇总凭证或分割凭证等。

二、原始凭证的基本内容

不同类型的原始凭证，包含的具体内容虽然不尽相同，但必须具备的基本内容。

一般说来，任何一张原始凭证均应该具备反映经济业务内容和执行责任两方面的要素，应具备的反映经济业务内容方面的要素有：原始凭证的名称，接受凭证单位的名称或个人姓名，填制凭证的日期（一般与业务执行日期一致），经济业务的内容（业务名称性质等），经济业务的各种计量（数量、单价和金额）等，应具备的表示业务执行责任的要素有：填制单位的公章（对内凭证例外），编制审核凭证的有关经手人和部门负责人签章，凭证编号，凭证应有的附件（应附的证明业务发生的有关附件，包括需经审批的批准手续等）。

三、原始凭证设计的要求

原始凭证的设计要遵循会计凭证设计的原则，此外，还应满足以下要求：

（一）根据行业特点和业务特点进行设计

企业需要哪些原始凭证是由企业特点、业务特点、经济业务内容、采用的管理方式与核算方法决定的，原始凭证一定要适应企业生产经营的特点。设计原始凭证种类时，必须对企业特点和业务特点详加分析、逐项确定，不要遗漏和重复。

（二）凭证内容和要素齐全

企业各项经济业务的内容和经济管理的要求不同，各种原始凭证的名称、格式和内容也多种多样。但是，原始凭证都具备一些共同性的要求和要素，即原始凭证都要载明有关经济业务的发生和完成情况，明确经办单位和人员的经济责任，以便如实反映企业的经济业务。

（三）满足经营管理的需要

原始凭证的设计既要符合会计核算的要求，又要满足企业经营管理的需要。在设计原始凭证时，凡是企业经营管理者需要的指标，都要结合起来加以考虑，广泛征求相关部门的意见，尽量做到一证或一单多用，以便满足各种核算、控制、分析和考评的需要。例如，单位的工资单对于会计部门来讲是支付工资及扣款的原始凭证，而对于劳资部门来讲则是汇总工资总额的原始资料，因此在设计工资单时，应尽可能综合考虑上述核算和管理的需要。

（四）满足内部控制的需要

原始凭证是企业实施内部控制的重要工具。企业在设计原始凭证时必须满足企业内部控制制度的要求，要针对各种经济业务的特点规定必要的填写联数、次序、传递程序及存根保管制度，做到手续严密、堵塞漏洞，把各种业务的处理过程有机联系起来，起到企业内部各部门之间相互联系、相互牵制的作用。

四、原始凭证的设计原则

在原始凭证设计中除必须遵循第一章第三节中"企业会计制度设计的原则"的总要求外，还必须符合下列具体设计原则。

（一）要素齐备

1. 共同要素

完整的原始凭证是保证账簿记录如实反映经济业务的基础，规范的原始凭证应具备以下共同要素（即共同的内容）。

（1）凭证名称。

（2）填制凭证日期和凭证编号。

（3）填制凭证的单位全称及加盖公章（或专用章）。

（4）填制人姓名，经办人员的签名或盖章。

（5）接受凭证单位的全称。

（6）经济业务的内容。

（7）经济业务的数量、计量单位、单价、金额。

2. 特殊要素

对于不同经济业务的原始凭证，往往还具有一些特殊要素，设计时应重视和注意以下方面的内容。

（1）从外单位取得的原始凭证和对外开具的原始凭证，必须盖有填制单位的"发票"专用章或财务专用章；自制原始凭证必须有经办人和经办部门负责人的签名或盖章。

（2）购买实物的原始凭证，必须有验收手续，经验收人签名；支付款项的原始凭证，必须有收款单位和收款人的收款证明。

（3）发票必须有税务部门监制印章，收据必须有财政部门监制印章。

（4）各种收付款项的原始凭证应由出纳人员签名或盖章，并分别加盖"现金收讫""现金付讫""银行收讫""银行付讫"印章。

（5）一式几联的原始凭证必须用双面复写纸复写，应注明各联的用途，并只能以其中的一联作为报销凭证；作废时应在各联加盖"作废"戳记，连同存根一起保存，不得缺联、不得销毁。

（6）发生销货退回时，除填制退货发票外，必须取得对方的收款收据或银行汇款凭证，不得以退货发票代替对方的收据。

（7）职工因公借款，应填写正式收据，附在记账凭证后，报销时，应另开收据，不得返还原借据。

（二）符合经济业务的特点

首先，任何一项经济业务都会涉及经济业务发生的具体时间、具体地点、具体责任人等，所以设计原始凭证时，要针对这些要素把经济业务发生的时间、地点、责任人等基本情况如实、完整、详细地记载反映出来，以达到提供最确切、最完整的原始资料，全面而详细地反映经济业务发生的过程。其次，不同企业发生的经济业务内容是不同的。比如：涉及外币业务的原始凭证中的金额单位，除原币外还应反映汇率及本位币资料。又如：零售商业企业在进货汇总表上应按商品类别分别设计零售价、商品进销差价和成本价、进项税额等项内容。

原始凭证必须体现经济业务特点，只有这样，才能保证业务顺利开展，为会计核算的后续步骤提供良好的条件，为进行会计核算与会计监督提供充分、完整的原始资料；也只有这样，才能为后续核算程序提供相应的信息资料。

（三）加强内部控制

原始凭证是实施内部控制的重要工具。在设计原始凭证时，必须根据企业内部控制制度的要求，针对各种不同经济业务，规定必要的填写联数、次序和合理的传递程序，以严密手续、堵塞漏洞，并把各种业务的处理过程有机地联系起来，起到企业内部相互联系、相互牵制的作用。比如：根据企业规模大小、物流程序、机构设置的不同，对"材料入库单"分别设置不同的联数与不同的传递程序，以保证业务顺利开展并有严密的控制制度。

（四）满足管理和核算要求

原始凭证的设计既要满足会计专业核算及加强企业管理要求，又要符合经济责任制加强经济核算的要求，凡企业管理需要的指标都要结合起来加以考虑，以便满足各种核算、控制、分析、考评的需要。

比如：企业的工资单，从会计部门来讲，是支付工资及各种扣款的原始凭证，但是从劳动工资部门来讲，则是"工资总额"统计的资料来源，因此，在设计时应尽可能将上述要求综合加以考虑。

又如：企业的定额领料单，既要反映材料本来的自然面目，又要反映定额管理的要求，所以在设计时，应将货号、型号、货名、规格、计量单位等反映原材料自然面目的一般内容和计划产量、消耗定额、定额消耗量、已领数量、尚可领用量等与定额管理有关的要素一并统筹考虑，合理设计有关原材料的原始凭证，以满足原材料管理和核算方面的需要。

为满足管理和核算方面的要求，在原始凭证的设计中还要规定统一的填写规则，严格的审核要求，妥善的整理、保管办法，防止错误和弊端的措施等内容。

五、原始凭证的设计步骤与方法

原始凭证的设计一般可采取以下的步骤与方法。

（一）根据业务管理和会计核算要求，确定原始凭证的种类和内容

企业经济业务内容、企业内部管理需要以及与此相适应的会计核算的要求，是决定设计原始凭证的前提条件，凭证设计中必须全面、完整地反映业务内容，符合各方管理的要求，适应会计核算的需要。

例如，某企业经常发生委托外单位加工材料业务，管理上要求材料的进出、加工费、运输费用必须有控制和监督；会计上要求核算加工过程中要发生加工费、运输费及保险费等费用以及增值税。根据上述要求，在原始凭证

的设计中要考虑下列问题。

1. 确定原始凭证的种类

根据上述核算和管理要求，需要设计"委托加工材料出库单"及"委托加工材料入库单"两张原始凭证。

2. "委托加工材料出库单"的设计内容

在"委托加工材料出库单"中，除了要反映原始凭证的基本要素外，还应反映：加工合同的编号，委托加工的单位，发料仓库，加工后材料的名称、规格、计量单位、数量、交货日期等这一委托加工业务的特殊内容。如果这一业务涉及单位中的供应、仓库和会计等多个部门，则此原始凭证应一式四联：第一联由供应部门留存；第二联交材料仓库发料、记账；第三联交财务部门；第四联交材料核算组。如果企业规模较大，涉及部门较多，则可适当增加联数。

3. "委托加工材料入库单"的设计内容

在"委托加工材料入库单"中，除要反映原始凭证的基本要素外，还应反映：加工后材料的编号、名称、计量单位、应收数量、实收数量、加工费用、运输及保险费、增值税、委托加工材料的实际成本及计划成本等委托加工业务的特殊内容，本原始凭证可根据部门设置情况一式四联：第一联由供应部门留存；第二联交材料仓库入账；第三联交财务部门作为付款依据；第四联交材料核算组作核算凭证。其中，供应部门与材料仓库的凭证中有些内容可以省略。

（二）设计原始凭证的格式

明确了原始凭证的基本要素和用途以后，就可拟定凭证项目，绘制原始凭证的格式。原始凭证应尽量采用通用格式，做到符合实际需要、合理适用。在设计凭证格式的过程中，应综合考虑以下几个方面：

1. 凭证格式的大小

企业可以外购全国（或地区、主管部门）统一使用的原始凭证，这样可以简化设计工作，有利于汇总和审计，便于电脑处理，节约设计和印制成本。当本企业有特殊需要时，才自行设计和印制凭证。

设计凭证格式的大小主要考虑两个因素：一是经济业务的多少。经济业务多，凭证可大一些；反之，则小一些，二是与记账凭证的相互协调性。一般原始凭证的大小不应超过所使用的记账凭证，以便于装订成册和整洁美观。此外，实现电算化的企业还要考虑适应打印机的宽度和保管设备的宽度。

2. 凭证内容位置的安排

凭证的内容要素要合理地安排在一张凭证上，凭证要素排列的先后要考虑凭证传递顺序的要求，要便于填写、计算和对照检查；凭证要素的排列要突出重点，重要的项目应设置在主要位置上。一般项目名称在左边，要填制的内容在右边；应填的留空要适当，不要过大或过小，行数、栏数要根据实际需要设计；左边应留有适当空白以备装订。另外，固定性的资料应事先印刷在凭证上，以节约填制时间。

3. 凭证的联数

凭证联数主要取决于企业的组织机构、管理要求及与企业外部的关系。企业应设计一式多联的原始凭证，以满足不同单位、部门的需要。在设计一式多联的凭证时，要注明每一联的用途和传递顺序，各联凭证的名称应与该联凭证所起的作用保持一致，注明不同用途的各联凭证不能互相代替。

4. 凭证的版式

为了方便识别不同用途的各联凭证，不同联次的凭证应使用不同的颜色加以区别，以避免差错，便于凭证的归类和传递。凭证的颜色宜用比较柔和的浅色，如收款联用红色、付款联用绿色等。

凭证的纸质要根据凭证使用的频率、复写联数和保存期限来确定。若凭证使用次数较多，纸质选用应比一次凭证优良一些，如累计凭证；复写联数多的凭证比复写联数少的凭证选用的纸质要薄一些，便于书写；保存期限较长的凭证应比保存期限较短的凭证的纸质好一些。凭证上的印刷字体应采用比较规范和庄重的字体，避免采用手写体；凭证的线条应醒目，粗细得当。

在实际工作中，各会计主体可以根据经济业务的特点以及本企业会计核算和管理的需要，按照原始凭证应当具备的基本内容和补充内容，设计和使用适合本企业的各种原始凭证，以充分发挥原始凭证的作用。对于在一定范围内经常发生的大量同类经济业务，可以由有关主管部门设计统一的原始凭证格式，如由税务部门统一印制的增值税发票、交通部门统一印制的运费单据、中国人民银行统一印制的结算凭证等。这样可以加强宏观管理，防止舞弊等违法行为的发生，促进节约。

（三）设计原始凭证传递程序和保管制度

原始凭证传递程序是指凭证从填制或取得起，经审核、办理业务手续、整理直到会计部门记账、装订、保管等凭证处理和运行的全部过程。只有科学、合理的凭证传递程序，才能发挥原始凭证在会计核算中的作用。这项设计工作主要包括三个内容：一是设计凭证的传递路线，二是设计凭证在各环节的停留时限,三是设计各环节之间凭证的交接手续。凭证的传递流程应结合业务处理流程绘制成流程图,使有关人员能够按照流程图准确地传递凭证,便于分析、跟踪和监督业务处理过程。

设计原始凭证的保管制度主要包括:一是建立空白凭证的保管制度,对空白原始凭证应指定专人负责管理;二是设计已入账凭证的保管制度,对已入账原始凭证的保管方法、保管年限、调阅及复制、销毁等方面应做出明确规定。

第三节 记账凭证的设计

一、记账凭证的种类

记账凭证是财会人员根据审核无误的原始凭证填制的,用来简要说明经济业务内容,确定会计分录的一种会计凭证。填制记账凭证是会计核算的一种基本方法,它在会计核算中有着重要的作用。单位通常使用的记账凭证,按不同标准分为以下三类。

(一)按照记账凭证的种类划分,可分为一种制至六种制记账凭证

1. 一种制记账凭证

只使用一种主记账凭证,在凭证内设借、贷方科目和金额,可以完整地反映各种经济业务的会计分录,也就是通常所用的通用凭证。

2. 两种制记账凭证

就是将记账凭证分为借项记账凭证和贷项记账凭证,一笔经济业务至少要两张记账凭证(一张借项的,一张贷项的)才能完整反映会计分录。

3. 三种制记账凭证

即将记账凭证分为收款凭证、付款凭证和转账凭证,分别登记收款业务、付款业务和转账业务。

4. 四种制记账凭证

它是指收款记账凭证、付款记账凭证、转账借项记账凭证及转账贷项记账凭证。其中除收款和付款记账凭证与上述三种制中使用方法相同外,两种转账记账凭证则是分别用来记录转账业务的借项和贷项的。

5. 五种制记账凭证

它是指现金收款、现金付款、银行存款收款、银行存款付款及转账记账凭证。在一张记账凭证上能完整地反映一笔经济业务。

6. 六种制记账凭证

它是在五种制的基础上把转账记账凭证一分为二，分为转账借项记账凭证、转账贷项记账凭证。

（二）按照记账凭证反映会计科目的方式分，可分为单式记账凭证和复式记账凭证

1. 单式记账凭证

单式记账凭证是在一张记账凭证上只记录一个会计科目，一笔经济业务涉及几个会计科目时，需填制几张记账凭证。其优点是便于汇总和分工记账，缺点是内容分散、不便于核查、凭证过多、工作量较大

2. 复式记账凭证

复式记账凭证是在一张记账凭证上记录每一笔经济业务涉及的全部会计科目的记账凭证。其优点是内容集中、能反映经济业务的来龙去脉、便于核查，缺点是不便于会计人员分工记账和科目的汇总。

（三）按照记账凭证的适用性分，可分为通用记账凭证和专用记账凭证

（1）通用记账凭证一般对记录的经济业务内容无特别要求，对任何经济业务都适用。

（2）专用记账凭证要限定其适用范围。如收款记账凭证、付款记账凭证和转账记账凭证。

记账凭证除按上述三种标准分类外，还有复写记账凭证（即同时套写几份，分别作不同的用途）、累计记账凭证（即在一张记账凭证上同时记录若干笔经济业务的会计分录）和汇总记账凭证（即定期按一定规则将若干张记账凭证加以汇总而编制的记账凭证）。

二、记账凭证的设计原则

记账凭证与原始凭证虽有紧密的联系，但又存在明显的区别。因此，设计记账凭证时，在符合内部控制和力求标准通用化的基础上，还应遵循以下原则：

（1）必须具备记账凭证的基本内容

其基本内容包括记账凭证的名称；填制凭证的日期和编号；经济业务的简要说明；使用的会计科目（包括总账科目和明细科目及其增减变化金额）；所附原始凭证的张数以及有关人员的签名或盖章。

(2) 必须与使用的会计核算形式相适应

不同的会计核算形式要求有不同种类的记账凭证，如在记账凭证核算形式下，可以设计收款、付款和转账三种凭证，也可以设计统一的记账凭证。但在汇总记账凭证核算形式下，则必须分设收款、付款和转账三种凭证，并相应地设计汇总收款凭证、汇总付款凭证和汇总转账凭证才能满足需要。

(3) 满足账簿登记的需要

记账凭证是登记账簿的主要依据，由于账簿有总分类账和明细分类账之别，为了能够使总账和明细账的登记都有依据，设计记账凭证时，会计科目必须分清总账科目和子目，以便分别记载它们的增减变化。此外，为了使记账凭证与账簿之间的关系更加紧密，并清楚地反映凭证中的每一项数字记入账簿的页码，应在记账凭证上设计"账页"一栏。

三、记账凭证的设计

（一）确定所使用的记账凭证种类

确定一个单位的所使用的记账凭证的种类，应注意结合被设计单位的经济活动情况、会计核算情况以及各种可供选择的记账凭证种类的优缺点及适用范围等综合因素加以考虑。一般来说，规模不大、经济业务量较小、核算力量较弱、核算形式较简单的单位，采用一种制复式通用的记账凭证较合适；规模较大、经济业务多、核算力量强、分工较细、常需汇总记账凭证的企业，宜采用多种制的记账凭证。其中三种制和五种制的均是复式、通用的记账凭证，四种制和六种制的均是单、复式并存的专用记账凭证，它们间的选择应视企业的转账业务的多少、繁简和汇总难度而定。把转账凭证分为转账借项凭证、转账贷项凭证虽然可以减少转账凭证汇总难度，但同时又增大了填制、审核、记账的工作量。所以就某一特定企业来说，是选择两种制的还是四种制的，是选择五种制的还是六种制的，应权衡转账凭证是分是合的利弊得失后作出取舍。除此之外，记账凭证种类的确定还要注意单位有无外币业务，记账凭证有无特殊用途等情况。单位有外币业务的情况下应考虑设计外币记账凭证，某些记账凭证除一般用途外还有其他用途的，应考虑设计套写记账凭证。记账凭证需要汇总后登记总账的单位，还要考虑应设计的汇总记账凭证的种类。

（二）记账凭证基本内容的设计

记账凭证是证明处理会计事项人员的责任，作为记账依据的会计凭证。

任何经济业务的发生，都应该根据原始凭证或经济业务的事实，依照会计原理的处理原则，编制记账凭证（或叫传票），传递有关部门或人员，凭以办理收付、审核和记账。记账凭证的主要作用在于能简明扼要地说明经济业务发生的事实，确定登记账簿的会计科目和应记金额，数量，它既是沟通原始凭证和账簿的桥梁，又是一种序时记录。其主要功能有：保证会计信息能分类，准确地反映，可以简化会计手续，有利于加强核对和控制，严密内部组织，明确经济业务处理的责任等。尽管各种类型的记账凭证简繁不同，但其基本内容应包括记账凭证的种类及名称，编制的日期，经济业务简要说明，会计科目及编号，记账金额和方向，凭证编号，所附原始凭证件数，填制、审核、记账、主管等人员签章以及备注等。

（三）记账凭证内容的设计

记账凭证格式不一，种类繁多，各种记账凭证的使用方法也不完全相同，下面分别说明各种记账凭证内容的设计。

1. 复式记账凭证内容的设计

复式记账凭证是以一张记账凭证记录一笔经济业务所涉及的全部会计科目。这种集中反映便于了解每一项经济业务的全貌，附件集中，便于复核查对。复式记账凭证按其设置的具体形式不同又可以分为通用记账凭证、三种制凭证和五种制凭证（后两种记账凭证又可以称为专用记账凭证）。

通用记账凭证，是将每一项经济业务以一张记账凭证来反映。若其业务复杂，涉及两个以上的会计科目，一张凭证容纳不下时，应连续编制若干张凭证，并以一定编号连接起来，防止散失。这种凭证反映业务集中，便于查阅，核对和保管。

专用记账凭证就是将记账凭证分为收款凭证、付款凭证和转账凭证三种。收款记账凭证用于反映现金、银行存款收款业务，其借方科目必然是"库存现金"或"银行存款"科目，因此设计格式时，可将借方科目固定印在表格的左上角，在表格内反映贷方科目。付款记账凭证用于反映现金、银行存款付出业务，其贷方科目必然是"库存现金"或"银行存款"科目，因此设计格式与收款记账凭证相反，可将贷方科目固定印在表格的左上角，在表格内只反映借方科目。单位还可以根据需要将收、付款记账凭证分为现金收款、银行存款收款、现金付款、银行存款收款记账凭证，同时将记账凭证的名称改变即可。转账记账凭证用于反映不涉及现金和银行存款收付业务的转账业务，反映的应借、应贷的会计科目具有很大的不确定性，所以其格式设计基本上与通用记账凭证相同，只需将记账凭证的名称改为"转账凭证"即可。

2. 单式记账凭证内容设计

单式记账凭证是在一张记账凭证上只记录一个总账科目，另一个对方科目只作参考，并不据以记账。这样一笔经济业务的发生至少要编制两张记账凭证，而且要以一定的编号方式将它们联系起来。单式记账凭证便于汇总和分期记录，但记录分散，查核困难，工作量较大，一般不大采用。其主要是借项记账凭证和贷项记账凭证。如果要求分别收、付款业务和转账业务填制记账凭证，则收付款业务的记账凭证应采用复式记账凭证中的收款凭证和付款凭证，仅转账凭证采用单式记账凭证，将"借项记账凭证"更名为"转账借项记账凭证"，"贷项记账凭证"更名为"转账贷项记账凭证"即可。

3. 套写记账凭证

以某些原始凭证作为代用记账凭证时，在复写原始凭证时，单独套写一联作为记账凭证使用，这种凭证即为套写凭证。例如，交款单和收款凭证套写，报销单或采购凭证和付款凭证套写，销售发票和转账凭证套写等。在设计时，只需在作为记账凭证的那一联上注明是记账凭证和哪一类记账凭证即可。套写凭证的优点是能节约填制凭证的时间，提高工作效率，在银行会计中普遍使用。

4. 累计记账凭证

将一定时期内所发生的经济业务，根据其原始凭证，按业务发生的顺序逐笔填写在一张累计记账凭证上，即为累计记账凭证。原始凭证可附在累计凭证后面，也可以单独装订保管，但要在累计凭证上注明原始凭证的号数和张数。累计凭证可以分类编制，如分为现金、银行存款、专项存款、转账等凭证；每次累计编制的天数不宜过多，如5天、10天一累计；累计凭证尺寸也不宜过大。根据累计凭证登记日记簿和明细账，再根据累计凭证登记总账。累计记账凭证可以简化编制记账凭证的手续，同时，每月累计凭证装订成册以后，就变成了一月内全部经济业务的序时月记簿，便于检查和核对。适用于业务量较小的单位采用。

5. 汇总记账凭证

企业应根据分录记账凭证或累计记账凭证汇总编制成记账凭证汇总表，然后据以登记总账。汇总记账凭证不设经济业务的摘要说明和每一笔经济业务的金额，而只有在一定期间内经济业务所涉及的汇总金额。汇总凭证可按业务量大小每月汇总一次或多次（如1天、5天、10天，半月编制一次）。现单位所用的汇总凭证一般有"科目汇总表""汇总收款凭证""汇总付款凭证""汇总转账凭证"等。

在科目汇总表会计核算程序下，登记总账的依据是科目汇总表。科目汇总表是根据记账凭证编制的汇总记账凭证。汇总的方法是将一个单位一定时期编制的全部记账凭证集中，按相同会计科目分别加计其借方发生额和贷方发生额。

在采用汇总记账凭证会计核算程序下，登记总账的方法是根据汇总记账凭证（汇总收款凭证，汇总付款凭证、汇总转账凭证）登记。汇总记账凭证是根据记账凭证编制的汇总的记账凭证，汇总的方法是按会计科目及其对应关系汇总。汇总记账凭证应设计"设证科目名称""汇总的时间""汇总凭证的起讫号数"及与设证科目相对应的各科目名称、发生额等项目、栏次。

需要说明的是，汇总转账凭证编制的方法是根据转账凭证按科目的对应关系汇总的，在转账凭证中，无论是借方科目还是贷方科目都具有不确定性，因此设计其格式时，应人为规定一律以贷方科目作为设证科目分别设置。

第四节 会计凭证的传递设计和保管制度的设计

一、会计凭证传递程序的设计

会计凭证传递程序是指凭证从填制至归档为止的传递程序。制订合理的会计凭证传递程序具有重要意义。

第一，促进会计人员积极完成工作任务。规定完善的会计凭证传递程序使每一个会计人员能及时编制或取得会计凭证，并及时地将凭证传递到既定部门或人员，如实地反映经济业务的完成情况。

第二，加强协作关系。通过会计凭证的传递程序，可以及时将凭证送往有关部门和人员，及时正确地完成所经办的业务，促进相互之间的协调和密切配合，共同完成工作任务。

第三，加强经济责任制。通过会计凭证的传递程序，能够促使各单位有关经办人员加强责任心，提高工作质量，做好本职工作。

会计凭证传递程序的设计，一般应注意以下几方面的问题：

第一，绘制业务处理流程图。会计凭证传递程序的设计，应根据各部门和经办人员的分工情况，以及各项经济业务的特点，具体规定会计凭证传递的程序。为了便于工作人员应用，可以根据会计凭证传递程序绘制业务处理流程图，把凭证传递的环节和人员都用指示图列示出来。

第二，符合内部控制的要求。设计会计凭证传递程序时，要结合企业内部控制制度，设计账务处理程序，使企业发生的各项业务能够得到有效的控制和监督。例如，会计人员登记账簿之前，其记账凭证及原始凭证必须先由有关人员进行审核，只有经过审核无误的凭证，才能据以记账。

第三，满足各部门所需要的信息。会计凭证在传递过程中，应当有利于各有关部门充分利用会计凭证所提供的信息。为此，在设计传递程序时，应给予各环节一定的时间，以满足其管理的需要。

第四，合理规定各环节的时间。会计凭证在各环节的停留时间，应以实际需要来确定。有的环节需要时间长，可停留时间长些；否则，可停留时间短些。一般停留时间要适当，既不能过长，也不能过短。

第五，传递程序要适时修订。在实际工作中，往往因管理上的变化或经济业务内容的改变，导致原来设计的传递程序不太适用，这时可以根据实际需要，作适当的修改和补充。

二、会计凭证保管制度的设计

会计凭证的保管，是会计工作的重要组成部分，也是会计档案管理的重要工作。在设计会计制度时，应科学地设计会计凭证的保管制度。

会计凭证的保管制度，是为保障会计凭证的安全完整以及便于抽查与利用，对记账凭证和原始凭证制订的保管措施和办法。科学地设计会计凭证保管制度的意义在于能够保障会计凭证的安全完整，便于本单位的随时抽查和利用，并能满足上级机关和审计部门的审阅和查考。

会计凭证的保管制度，一般应包括下列内容：

（一）定期装订成册

会计凭证在登记入账以后，将各种记账凭证连同所附原始凭证，按照记账凭证的种类和顺序号进行整理，装订成册，以免散失。装订的时间一般为一个月装订一次；如凭证较多，也可以一个月分数次装订。装订时必须以记账凭证为标准，把原始凭证折叠整齐。

（二）加具封面和封底

装订成册的凭证应当粘贴封面，封底。在封面上写明单位的名称、凭证名称、凭证起讫号数，起讫日期等内容。

（三）原始凭证单独装订成册

记账凭证所附原始凭证如果较多，不方便与记账凭证合订成册时，可将原始凭证单独装订成册，但必须在记账凭证封面上注明原始凭证另存，以免记账凭证与原始凭证脱节，事后难以查找。

（四）重要单据单独保管

记账凭证所附原始凭证如果是属于十分重要的业务单据，如合同、契约等，应当单独保管，以便随时查阅。同时，要在有关记账凭证上加注说明，以便日后查考。

（五）规定保管期限和销毁办法

对会计凭证的保管期限和销毁，财政部作了具体规定。按规定，会计凭证至少要保管 10 年，其中涉外，涉及私营企业改造的要长期保管。保管期满，需要销毁时，一般由本单位档案部门提出销毁意见，会同财会部门共同鉴定，严格审查，编造会计档案销毁清册，经企业领导审查，报经上级主管部门批准后销毁。

（六）建立会计档案制度

会计档案是记录和反映经济业务的重要史料，是进行会计核算的手段和实行会计监督、分析，决策和计划的依据。它既是本单位全部档案的一部分，又是国家档案的重要组成部分。因此，各单位必须建立会计档案管理办法，建立和健全会计档案的立卷、归档、保管、利用、鉴定、销毁等管理制度，切实把会计档案管好。

会计档案应指定专人负责，并进行科学管理，便于本单位利用；严格借阅手续，建立借阅登记制度。向外单位提供时，档案原件一般不借出，并只在档案室内借阅；如有特殊需要，经领导批准方可借出，但不得涂改、遗失、泄密、污损，并限期归还。

第六章 会计账簿设计

第一节 会计账簿的意义和原则

账簿是用来全面、连续、系统地登记经济业务,由具有专门格式而又相互联结在起的若干账页组成的簿籍,登记账簿是会计核算的一种方法。

设置和登记账簿,对加强经济管理、提高经济效益具有重要的作用。会计凭证虽然详细、具体地反映了企业的经济活动,但它毕竟是零星的、分散的,要全面地反映企业经济活动,还必须设计另一种信息载体——账簿。账簿是以会计凭证为依据,分类而系统地积累会计资料的重要工具,也是编制会计报表的主要依据,因而它的设计是会计制度设计的重要内容之一。

一、会计账簿设计的作用

(一)为连续、分类、系统地记录经济业务提供信息载体通过记账,对会计凭证所反映的经济业务,既可以按照业务发生的先后进行序时核算,提供某类业务完成的信息,又可以按照经济业务的性质,在有关总分类账和明细分类账户中进行归类核算,为管理上提供总括的和明细的核算资料。也就是说,通过账簿记录,可以把会计凭证提供的零散资料加以归类汇总,形成集中的、全面的、系统的会计信息。

(二)为反映资产的增减变动情况提供基础通过记账,可以具体反映各种资产的增减变动情况,并将账面记录与有关的资产进项资产的变化情况,有利于监督和保护企业资产的安全和完意可以全面具体地掌握各行核对,以检查财产物资是否妥善保管,账实是否相符

(三)账簿记录是编制会计报表的依据会计工作将会计凭证、会计账簿和会计报表三大要素有机地联系起来并加以运用。

其中账簿体系是账务处理程序的核心内容,它具有承前(对凭证而言)和启后(对会计报表而言)两种作用。为了总结一定时期的经济活动情况,

必须将账簿所记录的经济业务进行结账，计算出各个账户的本期发生额和期末余额，并与资产、负债相核对，使账簿记录同实际保持一致。账簿所提供的各种数据资料，是编制会计报表的主要数据来源。

二、会计账簿的种类

会计账簿的格式多种多样，一般由封面、扉页和账页构成。封面主要用来载明账簿的名称。扉页主要用来登载经管人员一览表，其主要内容有：单位名称、账簿名称、起止页数、启用日期、单位领导人、会计主管人员、经管人员、移交人、移交日期以及接管人和接管日期等。账页是账簿的主体，在每张账页上应载明：账户名称、记账日期栏、记账凭证的种类和号数、摘要栏、金额栏、总页次和分页次。

（一）序时账簿、分类账簿、备查账簿

账簿按用途可分为序时账簿、分类账簿和备查账簿。序时账簿是指按照经济业务发生时间的先后顺序，逐笔登记经济业务的账簿，故称日记账。按其记录的内容不同，又分为普通日记账和特种日记账。普通日记账是用来登记全部经济业务发生情况的日记账，如日记总账和凭单日记账；特种日记账是用来记录某一类经济业务发生情况的日记账，如现金、银行存款日记账。

分类账簿是指对全部经济业务按照总分类账户和明细分类账户进行分类登记的账簿。分类账簿有总分类账和明细分类账簿两种。按照总分类账户进行登记的分类账，称为总分类账或总账；按明细分类账户登记的分类账，称为明细分类账或明细账。

备查账簿是指对某些在序时账簿和分类账簿中未能记载的经济业务事项进行补充登记的账簿。

此外，还有一种联合账簿，它是将序时和分类账结合在一起的账簿，如日记总账。

（二）订本式账簿、活页式账簿、卡片式账簿

账簿按外表形式可以分为订本式账簿、活页式账簿和卡片式账簿。订本式账簿是指把许多账页装订成册的账簿。这种账簿的账页固定，不能增减抽换，可防止账页散失和抽换账页。由于账页固定，使用起来欠灵活，必须预先估计每个账户所需要的账页，否则，账页多了浪费，少了又不够用，影响账户的连续性。

活页式账簿是指页数不固定，采用活页形式的账簿。这种账簿的页数可

以根据需要来确定。由于账簿的页数不固定，可能出现散失或被抽换。

卡片式账簿是指由印有专门格式的卡片组成的登记各种经济业务的账簿。卡片不固定在一起，数量可根据业务需要量增减。

三、会计账簿设计的要求

（一）与企业规模和特点相适应

经济业务数量及管理要求是账簿设计的关键因素之一。如果企业规模较大，经济业务必然较多，加之管理上要求分工细致，则会计人员的数量也相应地多些，会计账簿也较复杂，册数也多，在设计时应考虑各单位具体情况以适应其需要。

（二）要按会计科目来设计账簿

账簿一般应按照会计制度所规定的会计科目来设置，有什么会计科目就设计什么账簿，口径一致，以保证账簿记录反映的经济内容一致。

（三）设计账簿要简明适用

设计账簿既要通俗易懂，又要简便易行，避免烦琐、重复，减少不必要的核算工作。一般来说，一个单位一套账，不要重复，以节省人力、物力、财力。例如，会计部门和仓库都有材料账，但不要两边设账，一般在仓库设立数量账，会计部门设金额账。这样，既可加强会计监督，经常到仓库审核账目，又可以减少会计部门的数量账，节省核算工作量。

（四）账簿设计与账务处理程序相配合

账务处理程序的设计实质上已大致规定了账簿的种类，在进行账簿的具体设计时，应充分注意已选定的账务处理程序。例如，若设计的是日记总账账务处理程序，就必须设计一本日记总账，再考虑其他账簿；又如，若设计的是多栏式日记账账务处理程序，就必须设计4本多栏式日记账，分别记录现金收付和银行存款收付业务，然后再考虑设计其他账簿。

（五）账簿设计要与会计报表相衔接

账簿是编制会计报表的依据，会计报表的主要数据来源于账簿。因此，在会计账簿设计时应尽可能使报表中的有关指标直接从有关总分类账户或明细分类账户中取得和填列，以加速会计报表的编制，尽量避免从几个账户中取得资料进行加减运算来填报。

四、会计账簿设计的原则

账簿的设计,就是确定应设计哪些账簿,如何建立合理的账簿体系。各种账簿均有其不同的内容和格式,但在设计前应该考虑账簿的种类、数量、格式,应该提供的信息内容,时间要求采用记账的手段等。因此,账簿设计时应遵循以下原则。

1. 账簿的组织要与单位的规模和特点相适应

账簿组织是指账簿的种类,格式及账簿之间的关系,设计账簿组织应考虑单位的规模的特点。一般来说,单位规模较大、经济业务较多,其内部分工也就较细,会计账簿的种类的和册数也就多;反之,单位规模较小,经济业务量少,在满足内部控制的前提下,一个会计人员可处理多种经济业务,负责多个账户的登记,设计账簿时就不必设多本账,所有的明细账也可以集合成少数几本。

2. 账簿设计要适应单位管理的需要

会计账簿设计的目的是为了取得管理所需要的资料,因此账簿设计应以满足管理需要为前提。但是这并不是账簿设置越多越好,在保证账簿组织的严密和完整的前提下,应尽量避免重复设账,以减少登账工作量,提高工作效率。

3. 账簿格式要适应操作手段和满足信息量的需要

现在很多单位都采用电算化记账,手工操作与电算操作不同,其账页格式和项目位置排列都有不同的要求,在设计账簿时应注意所用账页的大小、格式的内容都要与机器的性能相适应,不能硬搬手工操作的账页格式和结构。同时账簿设置的地点应与信息使用人相配合,不一定把账簿设置在财会部门,可以根据需要就地设计,以便随时利用信息,强化管理。例如,材料供应部门可以设置材料采购账簿、仓库设置材料卡片等,以便供应部门和仓库充分利用账卡提供的会计信息。

4. 账簿设计要与所采用的会计核算程序相适应

会计核算程序不同,对设置的账簿种类与格式有不同的要求。如"记账凭证核算程序"下,总分类账簿可设计为"三栏式",而在"日记总账核算程序"下,则必须设计为"多栏式"。前者按会计科目分别设账,后者按会计科目分设专栏;前者属分类记录,后者兼有序时记录和分类记录。

5. 账簿的设计应满足会计报表的信息需要

编制会计报表所需的资料主要来源于账簿。因此,在设计账簿种类和明细项目时,要考虑会计报表的指标需要,尽可能使账簿的种类、明细项目与会计报表的种类与指标做到口径一致，减少编表时的汇总或分解等计算工作，加快报表的编制和报送速度。

6. 账簿设计应做到省时省力，简便易行，便于查阅、控制与保管

账簿的设计要考虑登账、审核与保管的要求。账页尺寸不宜过大，账页格式不宜过于复杂，以方便账簿的登记，提高工作效率。此外，还要便于查阅、控制与保管。

五、账簿种类及选择的一般方法

一个企业究竟应设计和使用何种账簿，要视企业规模的大小，经济业务的繁简、会计人员的分工，采用的账务处理程序以及核算工作的电子化程度等因素而定。但是为了加强货币资金的管理，无论在哪种情况下，都要设计现金和银行存款日记账这种序时账簿，只是在多栏特种日记账账务处理程序下，要将现金和银行存款日记账都分割为专栏的收入日记账和支出日记账两本。至于分类账簿的设计，在采用记账凭证账务处理程序、汇总记账凭证账务处理程序和科目汇总表账务处理程序以及多栏式日记账账务处理程序时，则应设计一本总分类账簿和多本明细分类账簿；在采用日记总账账务处理程序时，则只设计一本既序时记录又分类记录的日记总账账簿和必要的明细分类账簿。

第二节 日记账簿的设计

一、日记账簿的种类

日记账的主要作用是按时间顺序记录发生的经济业务，以保证会计资料的秩序性和完整性。日记账的主要种类有：转账日记账，一般是序时记录现金和银行存款以外的其他全部业务的账簿，并据此逐笔登记过入总账。货币资金日记，是序时记录全部货币资金收付业务的账簿，并据此汇总记入总账，该日记账应由出纳人员处理。现金日记账，是序时记录全部现金收付业务的账簿，借以详细了解现金收付情况，并通过余额与库存现金核对（也可分设现金收入日记账和现金付出日记账）。银行存款日记账，是序时记录全部银行存款收付业务的账簿借以详细了解银行存款收付情况，并通过余额与银行对账单核对（也可以设银行存款收入日记账和银行存款付出日记账）。购货日记账是转账日记账的一种，它是序时记录全部购买的材料、商品等物资的账簿。如购货业务很少，记入转账日记簿或出纳日记簿即可。销货日记账是转账日

记账的一种，它是序时记录全部销售业务的账簿。如销售业务不多，记入转账日记账或出纳日记账即可。至于单位应设置哪些日记账，主要根据单位所采用的会计核算程序而定。

二、日记账簿设计的方法

（一）日记账簿种类的选择

每个单位应设计哪几种日记账簿，其数量如何？选择的条件是：如果是新建单位，应首先考虑其全部经济业务的内容，分析要由几种日记账簿去进行序时反映；如果是老单位，就考虑已经有的或可能有的会计事项种类的多少，同时还要根据单位所采用的会计核算程序进行选择。若采用根据记账凭证过总账的核算程序，其日记账只起备查簿或明细账的作用，这样就不必考虑序时记录的完整性，只须根据对某种经济业务管理的要求来设计，也就是说，既可以设计完整的日记账簿，也可以只设计部分日记账簿。目前很多企业只设现金和银行存款日记账簿。如果采用根据日记账簿过总账的核算程序，即根据原始凭证记录日记账，然后根据日记账记入分类账，其日记账簿就起过账媒介作用，就必须要求设计完整、严密的日记账体系，序时地记录所有的经济业务，以取得完整的序时资料以便于过账。此时，就要设转账日记账（普通日记账），或者是再另设购货日记账、销货日记账，设货币资金日记账，或者分别设置现金日记账和银行存款日记账。在选择日记账簿种类时，应注意是否因账簿设计不全而造成漏记或应该得到序时、详细反映的信息而得不到，也要注意日记账是否设计过多过繁和明细账簿是否有重复。

（二）日记账簿格式的设计

日记账簿格式的设计主要根据所要反映的业务内容来设计合适的日记账簿格式的栏次。日记账簿一般有一栏式、两栏式、多栏式、专用格式等几种格式。

1. 一栏式日记账

一栏式日记账是在每张账页上只印一个反映金额栏的日记账，如现金收入、支出分设日记账和反映单位赊购业务的购货日记账。现金收入（或付出）日记账适用于采用单式记账凭证的单位，其现金收入和付出由一个出纳分工记录，每天将结出的总额报给出纳管理人员，以结出现金的余额，编制出纳报告单。购货日记账序时登记采购业务的发生情况，在赊购业务很多的单位可以设置，这种格式只适于作参考备查簿用，不起过账作用。

2. 两栏式日记账

两栏式日记账是指在每张账页上设计两个金额栏的日记账。多用于分录日记账（普通日记账），适用于对起过账作用的日记账的设计，如对一般记录转账业务的日记账设计。这种日记账只记除现金、银行存款、销货、购货以外的业务，如账户式日记账和转账日记账等。

3. 多栏式日记账

多栏式日记账是指在每张账页上设计三栏、四栏或更多金额栏的日记账用来登记借方、贷方和余额。这样可以大大减少逐笔过账的工作量在专栏式普通日记账中，专栏设置的多少视业务量多少确定。凡在多栏式日记账中设有专栏的账户，可定期汇总该专栏合计数后直接过有关分类账；凡在多栏式日记账中未设专栏的账户，则在"其他"栏中逐笔登记账户名称，应借应贷的金额（其具体登记方法可参照两栏式日记本账）逐笔过入有关分类账并注明"√"符号，以免重记或漏记。多栏式普通日记账虽然可以简化部分过账工作，但只能供一个人记账，如果专栏设置过多会导致账页过长，不便于记账和查账。

4. 特种日记账

特种日记账是专门用来登记某一类经济业务的日记账簿，其主要作用是可以减少登记同一类经济业务，然后将汇总金额记入分类账，以减少过账工作，同时有利于会计人员分工记账，可以由一个记账人员专门登记某一类经济业务，提高工作效率，节省人力、物力。常见的特种日记账有现金日记账、银行存款日记账、购货日记账、销货日记账等。

现金日记账是专门用来登记现金收入和支出业务的日记账簿。其账页格式一般采用增设对应科目的栏式，这样做的优点是所有的现金收付业务集中在一张账页上，便于集中查阅，能反映科目对应关系有利于分析现金的流量；缺点是若对应科目过多，则易导致账页过长，反而不便于记账、查账。因此，可将多栏式现金日记账簿分设为多栏式现金收入日记账和多栏式现金支出日记账。这种日记账簿分别按现金收入的对应科目和现金支出的对应科目在多栏式账页中设置专栏进行登记，其登记方法与多栏式日记账簿登记方法基本相同，所不同的是，每日终了应将现金支出日记账中的当日"支出合计"数转入现金收入日记账中当日"支出合计"栏内，以便结算出当日的现金账面结余数，填入余额栏。在现金日记账中，现使用的比较多的是借、贷、余三栏式。

银行存款日记账是专门用于逐日逐笔登记银行存款的增加、减少和结存情况的账簿。其格式一般也为借、贷、余三栏式，并按各开户银行和其他金融机构分别设置。

购货日记账是专门用来登记购货业务的。购货业务多的单位为了反映购货业务的发生和完成情况，应设置"购货日记账"。购货业务有现款直接支付和赊购两种情况，因此购货日记账的设计也有两种：一是只登记赊购业务，将现款购进业务登记在现金、银行存款日记账中；二是登记全部购进业务，即不论赊购还是现款购进，均在购货日记账中登记。过入总分类账时，"物资采购""应交税金"和"应付账款"账户可根据购货日记账中相应项目的定期合计数一次过入，不需逐笔过账；"库存现金"和"银行存款"项目，因现款购进在现金日记账和银行存款日记账中也要登记故不需过账，以免重复。同样，在现金日记账和银行存款日记账中，其购货对应科目"物资采购""应交税费"也不需过账。对于应付账款项目，还应逐笔过入"应付账款"的明细账以反映与各供应单位的款项结算关系。对于购货日记账只登记赊购业务的情况，其日记账格式只要在上述格式中不设现金和银行存款两栏即可销货日记账是专门记录销货业务的。销货与购货一样也有两种情况：一是赊销，二是直接收取现款。因此，销货日记账的设置和登记也有两种方法：一种是只登记销货业务，现款销售业务则登记在现金或银行存款日记账中；另一种是不论赊销还是现销业务，都全部登记在销货日记账中，对现销业务同时还要登记现金或银行存款日记账。过入"应收账款""应交税费"和"营业收入"总分类账时，可根据日记账中相应栏目的定期合计数一次过入，不需逐笔过账；现销业务因在现金和银行存款日记账中已同时登记，故不必再根据销货日记账过账。同样，现金和银行存款日记账中有关销售的对应科目也不需过账。对于应收账款的明细数，还应逐笔将其过入有关明细账，以反映与各购货单位的结算情况。销货过程中若有向购货方收取的代垫费用，一般可通过现金或银行存款日记账登记。销货日记账只登记赊销业务的情况，则现金和银行存款两栏可以不设。

5. 专用格式日记账

它是专门用于记录某种业务的日记账。设计这种账簿的主要目的是为了在一种账簿上既能取得序时的资料，又可以获得分类的指标，实质上是把某种日记账与分类账结合设计的一种账簿，设计时应注意专栏和多栏相结合的问题。

最后需要强调说明的是，日记账可以作为过账媒介，也可以不作为过账媒介。若作为过账媒介，则应设置一个严密完整的日记账簿体系；若不作为过账媒介，则不必考虑其体系的完整性，只设置一些需要专门反映重要事项的特种日记账。同时，在设计日记账格式时也有区别：作为过账媒介的日记账由于要逐项或汇总过账,建立起日记账和分类账之间的联系,方便对账,因此必须在日记账上设计"过账"栏和"对应科目"栏,表示科目之间的对应关系和过入分类账的账页。而不作为过账媒介的日记账则不必设置上述栏,有的不作为过账媒介的日记账保留了"对应科目"栏,仅是为了对账方便而已。日我国会计实务中,一般是以编制记账凭证取代原来的日记账过账,并贯彻平行登记的原则,账账之间通过记账凭证相互制约和核对,可见日记账的过账作用已经基本消失同时无论在何种规模的单位中,也无论单位采用何种账务处理程序,都应专门设置现银行存款两种特种日记账来序时核算现金、银行存款的收支业务,其主要目的在于及时了解货币资金的收支变化和结余情况,监督货币资金的使用,而不是为了过账。其他日记账则根据单位的具体情况和管理需要进行设置。

第三节 分类账簿的设计

一、分类账簿的种类和作用

分类账簿是对经济业务按一定的类别分别设立账户进行登记的账簿,它可以为单位管理的需要分门别类地提供各种经济信息。为了满足管理需要,适应会计分工要求分类账簿可分为总分类账簿和明细分类账簿两种。分类账簿的主要作用是:第一,对记账凭证中指明的经济业务类别集中进行反映。记账凭证的主要功能是对发生的每一笔经济业务编制会计分录,若要了解所有同类或不同类经济业务的发生情况就显得很不方便,因此,只有将记账凭证上记录的业务分类集中在有关账簿中才能分类地反映经济情况。第二,满足经济管理和编制财务会计报告的需要。在管理过程中,管理者只有既掌握详细信息又掌握总括信息,才能作出正确的决策,这些详细和总括信息只有通过分类账来提供,同时单位编制财务报告的依据也主要来自于分类账所提供的信息。

二、总分类账簿的设计

为了总括反映单位的经济活动情况,每一单位都必须设置和记录总分类账。总分类账可以保证会计记录的正确性和完整性并对其所属明细分类账起控制作用,可以全面反映单位财务变动情况,全面地反映单位的经济业务的收支情况及其财务活动成果可以为编制财务报告提供总括的指标。

总分类账一般根据记账凭证汇总表或汇总记账凭证定期汇总登记,也可以根据转账科目汇总表和多栏式现金、银行存款日记账于月终时汇总登记。单位业务不多的也可以根据记账凭证逐笔进行登记。总分类账一般采用三栏式，也可以采用按照全部账户开设的账页去设计

（一）三栏式总分类账

三栏式总分类账一般按会计科目设账页，其内容主要提供借方、贷方和余额三栏数据，为财务报告编制提供综合指标。它登记简便，但不能对发生额进行必要的分析对比。

（二）对应科目式总分类账

为了在总账中保持科目的对应关系，以反映借、贷方发生额的来龙去脉，可以根据需要在三栏式账页中增加一栏"对应科目"或在借贷两栏内分别增加"对应科目"栏。这两种格式主要用于按记账凭证或汇总记账凭证进行会计核算的程序。

（三）多栏式总分类账

多栏式总账是将单位使用的全部会计科目依次排列，各设专栏进行登记的账簿。

这种多栏式日记账一般是月终根据科目汇总表一次登录总数，减少过账工作量但是，单位业务较多，使用的会计科目也多时，账页就会过长，会给登账、对账和查账带来不便。

这种多栏式分类账一般适用于科目汇总表或多栏式日记账账务处理程序，每月编一张。其优点是能集中地反映各类经济业务的变化情况，也起到试算平衡的作用，同时也避免了逐一翻揭账页登账的问题。

（四）日记总账式账簿

这种格式的账页适用于采用日记总账核算程序。它是将全部会计科目集中设置在张账页中，每一总账科目设置一栏，在总账科目下再分设借、贷方两小栏，按照经济业务发生的时间顺序逐笔登记。因此，它是兼有序时记录和分类记录双重作用的联合账簿。

这种格式的账簿优点是序时记录与分类记录相结合从而简化核算，且账簿上仍然反映了科目之间的对应关系，可以防止或减少过账中的错误，即使出现错误也容易查找；同时通过发生额的登记，既能控制各科目的发生额又便于期末进行试算平衡，检验记账是否正确。其缺点是局限性大，不适用于业务复杂、会计科目数量多的单位使用。

（五）以科目汇总表代总账

把科目汇总账的左、右方分别加一个月初余额栏和月末余额栏，就可以代总账，每月保存，年终装订成册。这种格式不需要逐笔登记总账，既减少了工作量又减少了可能发生差错的机会，还可以进行试算平衡。

三、明细分类账簿的设计

为了详细反映资产、负债、所有者权益以及费用成本和财务成果的增减变动情况每个单位必须设置和记录一定的明细分类账。明细分类账能提供详细具体的信息，它对总分类账户起着补充和详细说明的作用。明细分类账是根据记账凭证或原始凭证逐笔登记的。一般单位都应该设置材料、应收账款、应付账款、生产成本、经营费用等明细分类账。明细分类账格式多种多样，单位应根据各项经济业务的内容和经营管理的实际需要来确定采用的格式。

（一）三栏式明细分类账

三栏式明细分类账的格式与三栏式总分类账的格式相同，即账页上只设借方、贷方和余额三个金额栏，不设数量栏。这种格式适用于那些只需要进行金额核算而不需要进行数量核算的债权、债务结算科目，如"应付账款""应收账款""其他应收款"等科目三栏式明细分类账是明细账中最基本的格式，其他格式的明细分类账一般都是在此基础上，结合所要记录的特殊内容加以演变而来的。

（二）数量金额式明细分类账

数量金额式明细分类账除设置金额栏以外，还设置了数量栏以及单价栏，而且把数量、单价、金额三栏综合起来，在此基础上设置了收入、发出和结余栏。这种格式适用于既要进行金额核算又要进行实物数量核算的各种财产物资的经济业务，如材料、产成品、包装物等的管理。

（三）多栏式明细分类账

多栏式明细分类账不按明细科目分设若干账页，而是根据经济业务的特点和经营管理的需要，在一张账页上记录某一科目所属的各明细科目的内容，按该总账科目的明细项目设专栏记录。这种格式适用于只记金额，不记数量，而且在管理上要了解其构成内容的费用、收入、利润等科目。

1. 费用明细分类账一般按借方设多栏

"物资采购""生产成本""制造费用""管理费用""财务费用""营业外

支出"等账户的明细分类账，宜采用借方多栏式的账簿。

2. 收入明细账一般按贷方设多栏

"营业收入""营业外收入"等账户的明细分类账一般采用贷方多栏的明细账。

3. 利润明细分类账

一般按借方、贷方分设多栏，即按利润构成项目设多栏记录本年利润"利润分配"和"应交税费—应交增值税"等账户所属的明细账需采用借贷方均为多栏的明细账。

多栏式明细账没有统一的账页格式，账页格式随经济业务内容的变化而变化；每一栏目都提供经营管理所需要的一个具体经济指标，栏目的多少随管理需要而定；有关金额栏的数字相加后，可以提供一个总括的价值核算指标。还需要说明的是，明细分类账簿的三种格式并不是完全孤立的，各种具体的明细账格式也并非绝对固定的，可以根据实际情况加以变通联合设计。

第四节 备查账簿的设计

一、备查账簿设计的特点

备查账簿又叫辅助登记簿，简称备查簿，是对某些在序时账簿和分类账簿等主要账簿中不予登记或登记不够详细的经济业务进行补充登记的账簿。有些会计事项，在序时账和分类账中没有记录，但管理上需要加以控制或掌握时，通常就用备查账来记录，以弥补序时账和分类账的不足。其特点是：备查资料不能据以编制对外报表，其经济活动也不需要用会计科目反映。备查账簿设计的基本要求，是能够把需要反映的业务内容、数量、金额、发生时间等要素记载清楚。因此，备查账簿并没有固定的格式，需要单位根据需要自行灵活确定。

备查账簿通常反映以下主要事项：

（一）经营性租入或借入固定资产

为反映租入或借入资产的名称、租借时间、归还时间、租金情况等内容，公司应设置备查登记簿予以登记。

（二）代管理、代加工、代出售的资产

属于代管理、代加工、代出售的资产业务的有代管商品物资、外单位委托本企业加工的材料及代销售商品等。这些资产归外单位所有，为反映代保管、代销售、代加工情况，需置备查簿进行登记。

（三）重要空白凭证的备查记录

现金支票、转账支票、银行本票及其他重要结算凭证从银行购回后，应由专人登记，反映票据的起止号码、领用人、领用日期、领用号码、注销情况，以明确经济责任。一旦出现问题，有利于追究当事人责任或过失。

（四）其他不便于在日记账和分类账反映的事项

为了详细反映其种类、起止时间、金额、贴现等相关信息，可以分别设置"应收票据备查簿"和"应付票据备查簿"进行相应反映，如单位的应收票据、应付票据。

二、备查账簿的设置与管理

（一）应收账款备查簿

该备查簿用于登记财务报表内（或账内）需要说明原因的重要应收款项或表外（或账外）的应收款项。例如，对于企业债务重组，如果未来应收金额大于应收债权账面金额的，则未来应收款项在债务重组时不作账务处理，但应在备查簿中进行登记。待实际收到债权时，如果实际收到的金额大于应收债权账面金额，则将其差额作为当期营业外收入处理。在企业以应收债权取得质押借款的情况下，因用于质押的应收债权的相关的风险和报酬并没有发生实质性变化，所以企业应设置备查簿，详细记录质押的应收债权的账面金额、质押期限及回款情况等。对金融机构应计利息在超过规定期限（如90天）尚未收回的，应冲回所计利息。同时，将应收利息转账外核算，并在备查簿上登记。企业的委托贷款按期计提的利息到付息期不能收回的，应当立即停止计提利息，并冲回原来已计提的利息，同时在备查簿上登记。

（二）应收票据备查簿

该备查簿用于逐笔登记每一应收票据的种类、号数、出票日期、票面金额、票面利率、交易合同号、付款人、承兑人、背书人的姓名或单位名称、到期日、背书转让日、贴现日期、贴现率、贴现净额、未计提的利息，以及收款日期和收回金额、退票情况等资料。应收票据到期结清票款或退票后，应当在备查簿内逐笔注销。对于到期不能收回的带息应收票据，转入"应收账款"科目核算后，期末不再计提利息，其所包含的利息在有关备查簿中进行登记，待实际收到时，再冲减收到当期的财务费用。

（三）分期收款发出商品备查簿

该备查簿用于详细记录分期收款发出商品的数量、成本、售价、代垫运杂费、已收取的货款和尚未收取的货款等有关情况。

（四）受托加工来料备查簿

该备查簿用于登记企业对外进行来料加工装配业务而收到的原材料、零件等收发结存数额。收到的物资由于所有权不属于本企业，不应包括在"原材料"科目的核算范围内。

（五）代管商品备查簿

对已经办完销售手续、但购买单位在月末尚未提取的库存商品，单独在该备查簿中逐笔登记，不再在"库存商品"科目核算。企业以集资合作方式修建的职工住房建成后，按代管资产处理，并设置备查簿予以登记。

（六）在用低值易耗品备查簿

对于在用低值易耗品以及使用部门退回仓库的低值易耗品，应当加强实物管理，在该备查簿上进行登记。对于施工企业，在用周转材料以及使用部门退回仓库的周转材料，应当对其加强实物管理，并在备查簿上进行登记。

（七）出租出借包装物备查簿

该备查簿用于登记收回已使用过的出租出借包装物。

（八）临时租入固定资产备查簿

该备查簿用于登记临时租入的固定资产的有关情况。

（九）在建工程其他支出备查簿

该备查簿用于专门登记基建项目发生的构成项目概算内容但不通过"在建工程"科目核算的其他支出，包括按照建设项目概算内容购置的不需用安装设备、现成房屋、无形资产以及发生的递延费用等。企业在发生上述支出时，应当通过"固定资产""无形资产"和"长期待摊费用"科目核算，并同时在在建工程其他支出备查簿中进行登记。

（十）应付票据备查簿

该备查簿用于详细登记每一应付票据的种类、号数、签发日期、到期日、票面金额、票面利率、合同交易号、收款人姓名或单位名称以及付款日期和金额等资料。应付票据到期结清时，应当在备查簿内逐笔注销。

（十一）应付债券备查簿

企业发行债券时，应将待发行债券的票面金额、债券票面利率、还本期限与方式、发行总额、发行日期和编号、委托代售部门、转换股份等情况在该备查簿中进行登记。

（十二）递延税款备查簿

采用纳税影响会计法进行所得税会计处理的企业，应当设置该备查簿，详细记录发生的时间性差异的原因、金额、预计转回期限、已转回金额等。

（十三）实收资本（股本）备查簿

该备查簿用于登记企业资本（股本）的变化情况。对于投资者按规定转让其出资的，企业应当于有关的转让手续办理完毕时，将出让方所转让的出资额，在资本（股本）账户的有关明细账户及各备查簿中转给受让方。企业因减资而注销股份、发还股款，以及因减资而更新股票等的变动情况，在股本账户的明细账以及有关备查簿中详细记录。

（十四）持有股票备查簿

企业持有股票期间获得股票股利时，不作账务处理，但应在备查簿中登记所增加的股份。

（十五）股权投资未确认亏损备查簿

采用权益法核算时，企业确认被投资单位发生的净亏损，以股权投资账面价值减记至零为限。若被投资单位以后继续发生亏损，则未确认的亏损额应在备查簿上登记。

（十六）发票备查簿

该备查簿详细登记增值税专用发票、普通发票领购、缴销、结存等情况。

（十七）账销案存资产备查簿

为了做好企业资产评估、财产清查中核销资产的变现、保管、销毁等工作，对处置的实物资产，应建立实物台账和处置档案。对核销的应收账款，应实行债销账留，继续保持追索权，建立备查簿单独反映和监督其回收情况。

（十八）其他需要设置的备查簿

如企业对外担保事项，以及应由以后年度弥补的所得税计税亏损情况，也应设置备查簿进行登记。当然，企业备查账簿还不止这些。企业应根据国家统一会计制度的要求，结合管理需要和满足填报会计报表附注的需要，规范备查账簿的设置和登记工作。设置内容应科学、完整，设置格式应简捷、明了，可采用订本式或合页等形式。在登记管理上，应建立相应的责任制度，明确何时登记、谁登记、谁保管、谁配合、谁检查，做到责任分明，并将备查账簿纳入企业重要的会计档案进行管理，有条件的企业可以开发必要的备查登记软件。

第七章 财务会计报告设计

第一节 财务会计报告设计概述

一、财务会计报告设计的作用

会计凭证和会计账簿等日常核算资料记载的是零星的、分散的会计信息，需要通过设计各种会计报表，对会计信息进行进一步的归纳和汇总，以便形成满足报表使用者需求的会计信息。设计科学合理的会计报表体系，对于加强企业经营管理、满足与企业相关的各利益相关方的需要、充分发挥会计在国民经济发展中的作用，都具有十分重要的意义。具体表现为以下方面。

（一）考核和评价企业的经济管理水平与经营业绩

会计报表的定期编制，可以连续地反映企业的财务状况和经营成果，便于评价企业的经营业绩。同时，经营管理者可以根据报表资料进行考核、分析，改进管理工作，提高管理水平，进行科学的预测和经营决策。

（二）为投资人、债权人的预测和决策提供信息

企业的投资人包括国家、法人、外商和社会公众等。投资人在投资前需要通过财务会计报告资料了解企业的资金状况和盈利水平，以便做出正确的投资决策，有效地控制投资风险；债权人主要包括银行、非银行金融机构、由商业信用所形成的债权人、因公司发行债券所形成的债权人（包括法人和社会公众）等，他们可以通过财务会计报告资料了解企业偿债能力，有效地控制债权风险。

（三）为行政管理部门提供管理和监督的信息资料

财政、工商、税务等行政管理部门是国家监管企业的职能部门。通过财务会计报告资料可以了解企业的经营状况和管理水平高低，监督企业对

各项财经法纪的执行情况,检查企业资金使用、成本计算、利润的形成与分配以及税金的计算和上缴等情况。以便对企业实施有效管理和监督。同时,还可以通过对有关指标资料的综合汇总,为国家宏观经济管理提供信息资料。

(四)为审计工作的开展提供必要的信息资料

审计工作是对会计工作合法性、合规性的有效监督。完整的财务会计报告体系可以为审计工作提供详尽、全面的数据资料。审计工作通常是从财务会计报告审计开始的,也为进一步审计会计凭证和会计账簿奠定了基础。

二、财务会计报告设计的原则

(一)完整性与系统性

完整性与系统性是指会计报表及其指标体系应当严密完整,形成一个系统文件。任何企业要想全面、准确地反映一定时期的财务状况、经营成果形成情况,提供信息使用者所需要的会计信息,必须设计一套完整的会计报表体系,并根据企业会计准则、企业的经营特点和管理要求设计各个方面的指标。各种会计报表中的指标应当相互联系、相互补充、相互衔接;共同构成一个完整的会计指标体系,以便反映企业经济活动的全貌

(二)统一性与灵活性

统一性是指遵照现行企业会计准则和会计制度的规定设计对外会计报表。对外会计报表的种类、格式、项目排列及内容、编报时间和要求等,财政部门通过《企业会计准都作了统一规定,需要企业自行设计的空间不大,企业在编制会计报表时要严格遵守《企业会计准则》的相关规定灵活性是指如何考虑企业自身管理的要求和业务特点,设计适合于本单位需要的各种对内会计报表的种类、名称、格式、内容、编制方法、报送时间和程序等,以满足企业内部经营管理的需要。

(三)稳定性

稳定性是指报表的指标内容、名称应保持相对稳定性。以保持不同时期报表指标的可比性不论是对外会计报表还是对内会计报表,都是由一系列的指标构成的,并且报表指标之间以及不同报表指标之间都具有一定的联系,它们的有机结合方能更加准确地提供会计信息。设计会计报表的过程实质上也是设计报表指标体系的过程。因此,报表指标及指标体系一经确定,就不

应随意改动，以保持不同时期报表指标的可比性，使信息使用者通过不同时期的同类和同种会计指标的对比，分析、考查企业的成长性，评价企业的经济效益。

（四）简便易行，使会计信息迅速生成

简便易行，使会计信息迅速生成是指报表内容及指标要力求简明易懂，能使会计信息迅速生成编制会计报表工作是一项专业性极强的工作，报表中的数字来源于总分类账户和明细分类账户，设计报表项目时，各个项目的名称最好与账户名称一致，以便直接从有关账户中获取数据，从而提高编制速度。会计报表作为会计工作的最终产品，也具有极强的专业性，当企业通过会计报表披露会计信息时，由于报表使用者绝大多数为非会计专业人员，为了广大会计信息使用者能够在较小的使用成本下准确理解会计信息，正确、及时地应用会计信息，所以，在设计会计报表的内容及指标时应力求概括，简明易懂。

三、财务会计报告的种类

要设计完整的财务会计报告体系，首先就要了解财务会计报告的种类。财务会计报告可以按不同的分类标准进行分类。

（一）按会计报表的编制时间分类

按编制时间不同，企业的会计报告分为年度、半年度、季度和月度会计报表。

1. 年度会计报表

年度会计报表，简称年报，是以年（公历每年的 1 月 1 日至 12 月 31 日）为会计分期反映企业财务状况和经营成果情况的会计报表，主要包括："资产负债表""利润表""现金流量表""所有者（或股东）权益变动表"及报表附注。

2. 半年度会计报表

半年度会计报表是以半年为会计分期反映企业财务状况和经营成果情况的会计报表，主要包括："资产负债表""利润表""现金流量表"及报表附注。

3. 季度会计报表

季度会计报表，简称季报，是按公历每一季度为会计分期反映企业的财务状况和经营成果情况的会计报表，主要包括："资产负债表""利润表""现金流量表"及报表附注。

4. 月度会计报表

月度会计报表，简称月报，是以月（公历每月1日至最后一日）为会计分期反映企业的财务状况经营成果情况的会计报表，主要包括"资产负债表""利润表"等对外会计报表和成本费用报表等内部报表。

半年、季度、月度财务会计报告，称为中期财务会计报告。

（二）按会计报表所反映的经济内容分类

按照会计报表反映的经济内容不同，可将其分为反映企业财务状况的报表、反映企业经营成果的报表、反映企业一定会计期间现金流入和流出情况的报表、反映企业收支情况的报表和反映企业成本与费用的报表五类。

1. 反映企业财务状况的会计报表

反映企业财务状况的会计报表是用来总括反映企业某一特定日期的财务状况的会计报表，如："资产负债表"。

2. 反映企业经营成果的会计报表

反映企业经营成果的会计这类报表是总括反映企业一定时期的经营成果的会计报表如："利润表"。

3. 反映企业现金流入和流出情况的会计报表

反映企业现金流入和流出情况的会计报表是反映企业在一定时期内的经营活动、投资活动和筹资活动中的现金流入量和流出量的会计报表，如："现金流量表。

4. 反映企业收支情况的会计报表

反映企业收支情况的会计报表是总括反映企业在一定时期内收入的取得和费用的支付情况的会计报表，如："主营业务收支明细表。

5. 反映企业成本、费用情况的会计报表

反映企业成本、费用情况的会计报表是总括反映企业在一定时期内发生的各项费用支出和成本形成情况的会计报表，如："管理费用明细表""财务费用明细表""销售费用明细表""制造费用明细表""主要产品单位成本表"和"产品生产成本报表"等。

（三）按会计报表用途分类

按会计报表的用途不同，可将其分为对外会计报表和对内会计报表两类：

1. 对外会计报表

对外会计报表是向企业外部相关利益人提供会计信息的会计报表。根据《企业会计准则——财务报表列报》的规定，企业对外提供的会计报表至少包括：资产负债表、利润表现金流量表、所有者权益（或股东权益）变动表。

这些对外会计报表的具体格式、编制方法和报送时间均由财政部统一规定。

2. 对内会计报表

对内会计报表是为企业内部管理层提供会计信息的会计报表,包括:各种反映成本、费用报表和收支情况的会计报表。对内会计报表的种类、格式、编制方法及编制时间均由各企业根据自身的经营特点和管理要求自行设计。

(四)按会计报表的编制主体分类

按会计报表编制的会计主体不同,可将其分为个别会计报表和合并会计报表两类。

1. 个别会计报表

个别会计报表是由企业在自身会计核算基础上对账簿记录进行加工而编制的会计报表只反映企业自身的财务状况、经营成果和现金流量情况,包括对内和对外会计报表。

2. 合并会计报表

合并会计报表是以母公司和子公司组成的企业集团为会计主体,由母公根据母公司和所属子公司的会计报表编制的,综合反映企业集团财务状况、经营成果及现金流量的会计报表。一般包括:合并资产负债表、合并利润表、合并现金流量表和合并股东权益变动表等。

(五)按会计报表编制的单位分类

1. 单位会计报表

单位会计报表是指由独立核算的会计主体编制的,用以反映该会计主体的财务状况、经营成果及其收支和成本、费用情况的会计报表。

2. 汇总会计报表

汇总会计报表是由上级主管部门将其所属各基层单位的会计报表,与其本身的会计报表汇总编制而成的会计报表,用以反映一个部门或一个区域的经济情况。

第二节 财务会计报告基本内容设计

财务会计报告设计的内容应包括:财务会计报告指标体系的设计、财务会计报告基本内容的设计、财务会计报告编制程序的设计、财务会计报告报送程序的设计。这里重点介绍财务会计报告基本内容的设计和编制程序的设计。

一、财务会计报告基本内容的设计

各种财务会计报告的指标内容差异较大，但它们的基本内容和格式大致相同，都包括表头、正表和附注三部分。这里只对各种会计报表应具备的基本内容进行设计。

（一）表头

表头应设计的内容包括：编制单位名称、会计报表的名称及编号、编制报表的日期、计量单位。

（1）会计报表的名称及编号，表明会计报表的种类及其在会计报表体系中所处的位置和重要程度。如："资产负债表""利润表""现金流量表""所有者权益变动表"的编号分别为"会企01表""会企02表""会企03表""会企04表"。

（2）编制单位名称，即编制会计报表的企事业单位的名称，表明会计报表所反映经济内容的会计主体，即空间范围。

（3）编制报表的日期，即编制会计报表的日期或会计报表所反映的会计期间，是报表所反映经济内容的时间范围。

（4）计量单位，即会计报表中数据的计量单位，通常使用货币单位，如元、千元、万元等。

（二）正表

按一定顺序排列的报表项目，即经济指标，反映会计报表所要揭示的会计信息。

（三）附注

附注，也称报表的补充资料，是为了帮助会计报表使用者阅读和使用报表指标提供的一些参考资料，是对有关报表项目的解释。附注一般包括：不符合会计核算基本前提的说明，重要会计政策和会计估计及其变更的说明，或有事项和资产负债表日后事项的说明，关联方关系及其交易的披露，重要资产转让及其出售的说明，企业合并、分立的说明，会计报表中重要项目的明细资料等。附注一般在对外报告中披露。

二、财务会计报告的编报程序的设计

（一）确定会计期间

企业应按照会计准则的规定，划分会计期间，分期结算账目并编制财务会计报告。会计期间应分为公历的年度、半年度、季度和月度。以会计期间的结束作为报表的编制时间。

（二）对账和结账

结账就是在一定时期内所发生的经济业务全部登记入账的基础上，结出各账户的本期发生额和期末余额，为编制会计报表提供资料。为确保账簿记录的准确，在结账之前，应进行对账，做到账证相符、账账相符、账实相符。

（三）编制工作底稿

通过编制工作底稿，可以减少错误，提高编制会计报表的速度。

（四）编制会计报表和附注

会计报表应当根据准确无误的账簿记录（或工作底稿）和其他有关资料编制，做到数字真实、计算准确、内容完整、报送及时。为帮助会计报表使用者充分理解会计报表的内容，还应根据单位有关规章和会计处理的明细资料编制会计报表附注，对报表的有关项目做出恰当的解释。

（五）编制财务情况说明书

财务情况说明书是对单位的财务活动情况进行文字说明和分析，以便总结经验和教训。

三、会计报表报告程序的设计

如前所述，会计报表按照报送对象不同可以分为对外会计报表和对内会计报表。对内会计报表主要报送给企业的内部管理者，因此其报送的程序相对比较简单，并没有严格的报送程序。因此，会计报表报送程序的设计主要针对对外会计报表的报送，一般应包括以下内容。

（一）整理会计报表

会计报表编制好后，应由编制人员进行复核，以确保内容完整、数字准确，同时由编制人员依次编写页码、加具封面、装订成册，并加盖公章。一般情况下，封面应当注明以下内容：单位名称、单位地址、相关负责人的签章、会计报表所属会计期间、报送日期等。

（二）对会计报表进行审核、签章

编制完成的财务会计报表应提交企业负责人、主管会计工作的负责人和会计机构负责人（会计主管人员），经审核无误后签名并盖章。设置总会计师的企业,还应当由总会计师签名并盖章,以对会计报表的真实性、完整性负责。

(三)注册会计师进行审计

按照我国有关法律法规的规定,会计报表在向外报出前要经过注册会计师的审计,并取得会计师事务所出具的审计报告。

(四)按照规定的期限报出

按照《企业会计准则》的规定,会计报表应按规定的时间报送。月报应于月度终了后 6 天报出;季报应于季度终了后 15 天报出;半年报应于半年度中期终了后 60 天报出;年报应于年度终了后 4 个月报出。

第三节 对外财务报表设计

一、资产负债表的设计

这里所讲资产负债表既包括个别资产负债表,也包括合并资产负债表。

(一)设计原理和格式

资产负债表是反映企业某一特定日期的财务状况的报表。其设计原理是"资产=负债+所有者权益"这一会计恒等式,是对企业一定日期的资产、负债和所有者权益项目,按照一定的分类标准和秩序进行的排列组合。

资产负债表有"账户式"和"报告式"两种格式。账户式,又称平衡式,这种格式是根据会计恒等式设计的,把报表分为左、右两部分,左方为资产,右方为权益,左、右两方数字必然相等。权益又分为上下两部分,上部分列示负债,下部分列示所有者权益。报告式,又称垂直式,是根据"资产—负债=所有者权益"公式设计的。报表项目自上而下排列,依次为资产、负债和所有者权益。

账户式资产负债表的优点是对资产、负债和所有者权益的等式关系列示比较直观,能一目了然地看出企业的财务状况和资本结构,便于查阅、理解和应用。目前,我国企业会计制度中规定使用账户式资产负债表。

(二)项目排列顺序的设计

资产负债表项目的排列方法一般有两种:一是按项目的重要程度排列,即按各项目在总体中所占的比重大小和在生产经营过程中的重要性排列,其目的是为满足国家宏观管理需要而设计。二是按流动性或来源、特定用途排列,如资产和负债按流动性排列。资产被区分为流动资产和非流动资产列报,具体项目依次为:货币资金、以公允价值计量且其变动计入当期损益的金融资产、应收票据、应收账款、预付款项、存货、持有待售资产、可供出售金融资产、持有至到期投资、长期股权投资、投资性房地产、固定资产、生产性生物资产、无形资产、递延所得税资产。负债按流动负债和非流动负债进行列示,具体项目依次为:短期借款、以公允价值计量且其变动计入当期损益的金融负债、应付票据、应付账款、预收款项、应付职工薪酬、应交税费、持有待售负债、长期借款、应付债券、长期应付款、预计负债、递延所得税负债。所有者权益则按照净资产的不同来源和特定用途进行分类,依次为实收资本、资本公积、盈余公积和未分配利润。在合并资产负债表中,应当在所有者权益类单独列示少数股东权益。这种设计目的是便于信息使用者分析和评价企业的偿债能力,我国资产负债表采用此种排列顺序。

(三)提供的数据资料

资产负债表中除对各具体项目单独列报外,还应当列报相关项目的合计数或总计数。如资产负债表中资产类至少应当列示流动资产和非流动资产的合计数;负债类至少应当列示流动负债、非流动负债以及负债的合计数;所有者权益类应当列示所有者权益的合计数。此外,还应当分别列示资产总计金额、负债与所有者权益总计金额等。根据财务报表列报准则的规定,企业需要提供比较资产负债表,以便于报表使用者通过比较不同时点资产负债表数据,掌握企业财务状况的变动情况及发展趋势,因此,资产负债表各项目都应提供"期末余额"和"年初余额"两种数据。其中,"期末余额"指各项目本期的期末数字;"年初余额"指各项目上年年末数字,即上年年度资产负债表各项目的"期末余额"栏的数字。

需要注意的是,对于拥有子公司的企业,除编制母公司资产负债表外,还应编制合并资产负债表,在季报和半年报中,个别资产负债表和合并资产负债表可以反映在同一张报表中,但年报中,个别资产负债表和合并资产负债表必须分别编制。具体格式略。

二、利润表的设计

这里所讲的利润表,既包括个别利润表,也包括合并利润表。

(一)设计原理和格式

利润表,是反映企业一定时期经营成果的财务报表。其设计原理是"收入-费用=利润"这一会计公式。各项收入指标和费用指标的排列顺序不同,报表的格式也就不同，目前，利润表的格式主要有单步式和多步式两种。

单步式利润表是指在利润表中，将本期所有收入加在一起，再把所有费用加在一起，两者相减，通过一步计算就计算出净利润。多步式利润表是指在利润表中，净利润是通过多个连续的步骤逐步计算出来的，它反映企业在净利润形成过程中每一类业务所取得的业绩。多步式一般分为四个步骤：第一步，以营业收入为基础，减去营业成本、营业税金及附加、销售费用、管理费用、财务费用、资产减值损失，加上公允价值变动收益（或减去公允价值变动损失）和投资收益（或减去投资损失），计算出营业利润；第二步，以营业利润为基础，加上营业外收入，减去营业外支出后计算出利润总额；第三步，以利润总额为基础，减去所得税费用，计算出净利润（或净损失）；第四步，以净利润为基础，加上其他综合收益各项目分别扣除所得税影响后的净额，计算出综合收益总额。

单步式利润表的优点是简单直观，易于编制和理解。缺点是不能反映净利润的形成过程及结构，不利于对企业经营成果进行分析和对未来盈利能力的预测。而多步式利润表虽编制繁琐，但却能够提供利润构成和形成情况，便于信息使用者对企业经营成果的分析和对未来盈利能力的预测。我国规定采用多步式利润表。

需要注意的是：①无论采用单步式格式，还是多步式格式，对于普通股或潜在普通股已公开交易的企业，以及正处于公开发行普通股或潜在普通股过程中的企业，还应当在利润表中列示每股收益信息，包括基本每股收益和稀释每股收益信息；②对于拥有子公司的企业，除编制母公司利润表外，还应编制合并利润表，在季报和半年报中，个别利润表和合并利润表可以反映在同一张报表中，但年报中，个别利润表和合并利润表必须分别编制。在合并利润表中，企业应当在净利润项目之下单独列示归属于母公司所有者的损益和归属于少数股东的损益，在综合收益总额项目之下单独列示归属于母公司所有者的综合收益总额和归属于少数股东的综合收益总额。

（二）费用项目排列顺序的设计

根据财务报表列报准则的规定，在多步式利润表中，费用项目应当采用"功能法"列报，即按照费用在企业所发挥的功能进行分类列报，通常分为从事经营业务发生的成本、销售费用、管理费用和财务费用等，并将营业成本与其他费用分开披露。对于企业而言，其活动通常分为生产、销售、管理、融资等。由于每一种活动上发生的费用所发挥的功能并不相同，因此，按照费用功能法将其分开列报，能够向报表使用者提供具有结构性的信息，能更清楚地揭示企业经营业绩的主要来源和构成，有助于使用者了解费用发生的活动领域，提供的信息更为相关。

（三）提供的数据资料

根据财务报表列报准则的规定，企业需要提供比较利润表，需要对报表中各项目的"本期金额"和"上期金额"分别填列。其中，"本期金额"指各项目的本期实际发生额，如在月度利润表中，指本月实际发生额；在季度利润表中，则指本季度实际发生额；在半年度利润表中，则指1月1日至6月30日的实际发生额；在年度利润表中则指1月1日至12月31日的实际发生额。"上期金额"则指上年同期利润表中"本期金额"栏内所填列的金额，如1月份月度利润表中的"上期金额"则应根据上年1月份月度利润表各项目的本期金额数字填列；年度利润表中的"上期金额"则应根据上年年度利润表中各项目的本期金额数字填列。采用比较利润表，可以使报表使用者通过比较不同期间利润的实际情况，判断企业经营成果的未来发展趋势。

表中其他综合收益，是指企业根据其他会计准则规定未在当期损益中确认的各项利得和损失，具体包括：①以后会计期间不能重分类进损益的其他综合收益项目，主要包括重新计量设定受益计划净负债或净资产导致的变动的税后净额、按照权益法核算的在被投资单位不能重分类进损益的其他综合收益中所享有的份额的税后净额；②以后会计期间在满足规定条件时将重分类进损益的其他综合收益项目，主要包括按照权益法核算的在被投资单位可重分类进损益的其他综合收益中所享有的份额的税后净额、可供出售金融资产公允价值变动产生利得或损失的税后净额、持有至到期投资重分类为可供出售金融资产形成的利得或损失的税后净额、现金流量套期工具产生的利得或损失中属于有效套期的部分的税后净额、外币财务报表折算差额的税后净额。

综合收益，是指企业在某一期间除与所有者以其所有者身份进行的交易之外的其他交易或事项所引起的所有者权益变动。综合收益总额项目反映净利润和其他综合收益扣除所得税影响后的净额相加后的合计金额。此外，在编制合并利润表时，企业还应当在"净利润"项目之下单独列示归属于母公司所有者的损益和归属于少数股东的损益；在"综合收益总额"项目下单独列示归属于母公司所有者的综合收益总额和归属于少数股东的综合收益总额。

三、现金流量表的设计

这里所讲的现金流量表，既包括个别现金流量表，也包括合并现金流量表。

（一）设计原理和结构

现金流量表是反映企业某一特定日期（通常是年末）现金及现金等价物的流入、流出的报表。其中现金是指库存现金和可以随时用于支付的存款；现金等价物是指企业持有的期限短、流动性强、易于转换为已知金额现金、价值变动风险很小的投资；现金流量是指现金和现金等价物的流入和流出。现金流量表的设计原理是"现金流入量 - 现金流出量 = 现金净流量"，其设计意义在于正确评价企业的支付能力，分析企业收益质量及影响现金流量的因素，预测企业未来的现金流量。

现金流量表的项目主要有：经营活动现金流量、投资活动现金流量、筹资活动现金流量、汇率变动对现金及现金等价物的影响、现金及现金等价物净增加额、期末现金及现金等价物余额等项目，采用报告式排列。现金流量表格式分别一般企业、商业银行、保险公司、证券公司等企业类型予以规定。企业应当根据其经营活动的性质，确定本企业适用的现金流量表格式。

（二）现金流量表编制方法的设计

现金流量表中的经营活动现金流量可按现金的来源和运用直接填制，也可以净利润为基础调整填制。因此，现金流量表有直接法和间接法两种编制方法。在直接法下，一般是以利润表中的营业收入为起算点，调节与经营活动有关的项目的增减变动，然后计算出经营活动产生的现金流量。其优点是分析企业经营活动现金流量的来源和用途，预测企业未来现金流量的前景。在间接法下，一般以净利润为起算点，调整不涉及现金的收入、费用、营业外支出等有关项目，剔除投资活动、筹资活动对现金流量的影响，然后计算出经营活动产生的现金流量，其优点是便于将净利润与经营活动产生的现金净流量进行比较，了解净利润与经营活动现金流量存在差异的原因，从现金流量的角度分析净利润的质量。考虑到两种编制方法各有优点，而且对信息使用者的预测和决策都具有重要意义，我国现金流量表准则规定应当采用直接法编制现金流量表，同时要求在附注中提供以净利润为基础调节到经营活动现金流量的信息。

（三）提供的数据资料

根据现金流量表准则的规定，现金流量表为比较报表，至少每年编制一次，表中各项目需提供"本期金额"和"上期金额"两种数据。在年度现金流量表中的"本期金额"指各报表项目本年度累计金额；"上期金额"则指上年度现金流量表中各项目"本期金额"栏的数字；在季度现金流量表中，"本期金额"指各报表项目本季度累计金额;"上期金额"则指上年同季度现金流量表中各项目"本期金额"栏的数字。

需要注意的是,对于拥有子公司的企业,除编制母公司现金流量表外,还应编制合并现金流量表,在季报和半年报中,个别现金流量表和合并现金流量表可以反映在同一张报表中,但年报中,个别现金流量表和合并现金流量表必须分别编制。

四、所有者权益变动表的设计

(一)设计原理和结构

所有者权益变动表(在公司制企业,为"股东权益变动表")是用来反映构成所有者权益的各组成部分当期的增减变动情况的财务报表,可一年编制一次。该表应当按照所有者权益的构成项目,即实收资本、资本公积、库存股、盈余公积和未分配利润等项目分别列示。该表在反映所有者权益总量增减变动的基础上,还要反映所有者权益增减变动的重要结构性信息,特别要将综合收益和与所有者(或股东)的资本交易导致的所有者权益的变动分别列示,以便使报表使用者准确理解所有者权益增减变动的根源。

(二)提供的数据资料

所有者权益变动表至少应当单独列示反映下列信息的项目:①会计政策变更和前期差错更正的累积影响金额;②综合收益总额,按照净利润和其他综合收益列示,在编制合并所有者权益变动表中还应单独列示归属于母公司所有者的综合收益总额和归属于少数股东的综合收益总额;③所有者投入资本和向所有者分配利润等;④按照规定提取的盈余公积;⑤所有者权益各组成部分的期初和期末余额及其调节情况。

根据企业财务报表列报准则的规定,企业需要提供比较所有者权益变动表,因此,所有者权益变动表应提供各项目"本年金额"和"上年金额"两组数据信息。为了清楚地表明所有者权益各组成部分当期的增减变动情况,所有者权益变动表应当以矩阵的形式列示。一方面,列示导致所有者权益变动的交易或事项,以便能够按所有者权益变动的来源对一定时期所有者权益变动情况进行全面反映;另一方面,按照所有者权益各组成部分及其总额列示交易或事项对所有者权益的影响。

五、对外财务报表附表的设计

企业在对外报送财务报表时,还可根据需要报送财务报表附表,如对资产负债表编制资产减值准备明细表、应交增值税明细表等。

（一）资产减值准备明细表的设计

按照现行企业会计制度规定的实质重于形式原则和谨慎性原则，企业应当定期或至少于每年年度终了，对各项资产进行全面检查，合理地预计各项资产可能发生的损失，计提资产减值准备，并于每年年末编制"资产减值准备明细表"，以提供当年各项资产减值损失的提取、转回和余额情况的信息。

（二）应交增值税明细表的设计

应交增值税明细表是反映企业一定会计期间的增值税缴纳和结存情况的报表，属于月报，是资产负债表的附表，主要内容是按照各增值税项目反映企业本月数和本年累计应交及未交增值税情况。

六、分部报告的设计

（一）分部报告的设计意义

随着企业跨行业和跨地区经营，许多企业生产和销售各种各样的产品和提供多种劳务。这些产品和劳务广泛分布于各个行业或不同地区，而不同行业产品、不同地区销售和不同性质的劳务所产生的业绩和所面临风险不尽相同，给企业带来的发展机会也大不一样。各个业务部门（或品种）或各个经营地区的风险和报酬就构成了企业的整体风险。要评估企业的整体风险和报酬，必须借助企业的不同业务和不同地区经营的信息。分部报告就是从业务分类和地区分类的角度，分别反映企业各地区经营业务的营业收入、销售成本、营业利润、资产总额和负债总额情况等信息的财务报表，是利润表的附表。按照分部报告准则规定的标准，只要某分部的分部利润（亏损）的绝对额，占所有盈利分部利润合计额或者所有亏损分部合计额的绝对额两者中较大者的 10% 或者以上，就应当编制分部报告。企业提供分部信息，能够帮助会计信息使用者更好地理解企业以往的经营业绩，评估企业的风险和报酬，把握企业整体的经营情况，对未来的发展趋势作出合理的预期。

（二）分部报告的设计模式

企业设计分部报告时，可以采取业务分部和地区分部两种模式。

（1）业务分部的设计

业务分部是指企业内可区分的、能够提供单项或一组相关产品或劳务的组成部分，该组成部分应当承担不同于其他组成部分的风险和报酬。对于一个企业而言，某一业务部门可能是一个业务部门，也可能是由若干个业务部门组成的业务分部；企业可能将生产某一种产品或提供某一种劳务的部门作为一个业务分部，也可能将若干种（一组）相关产品或提供若干种（一组）劳务的部门作为一个业务分部。在确定业务分部时，应当注意：

①业务分部中涉及的单项目产品或劳务的性质必须相同，不能把性质不同的产品或劳务确定为一个业务部门。

②业务分部中涉及的单项目产品的生产过程性质必须相同。生产过程性质包括采用劳动密集或资本密集方式组织生产、使用相同或相似设备和原材料、采用委托加工生产等。

③业务分部中涉及的产品或劳务的客户类型应当相同。产品或劳务的客户类型指大宗客户、零散客户等，因为客户类型相同，销售条件也基本相同，业务风险和报酬也会相同或相似。

④业务分部中涉及的销售产品或提供劳务的方式应当相同。销售产品或提供劳务的方式包括批发、零售、自产自销、委托销售、承包等，因为销售产品或提供劳务的方式不同，其承受的风险和报酬也不相同。

⑤业务分部中涉及的生产产品或提供劳务所处的法律环境应当相同。

(2) 地区分部的设计

地区分部是指企业内可区分的、能够在一个特定的经济环境内提供产品或劳务的组成部分，该组成部分应当承担不同于在其他经济环境内提供产品或劳务的组成部分的风险和报酬。企业在确定地区分部时，应当考虑分部经营活动的主要风险和报酬是与其生产产品或提供劳务的地区相关，还是与其经营活动的市场及客户所在地区相关，从而选择以资产所在地或者客户所在地为基础确定。此外，企业在确定地区分部时，还应当考虑如下因素：

①划定为一个地区分部的各个地区所处的经济、政治环境应当相似，包括境外经营所在地区经济和政治的稳定程度等；

②划定为一个地区分部的各个地区的经营之间应当存在紧密联系，包括在某地区进行销售等；

③划定为一个地区分部的各个地区的生产经营接近程度应当较高，包括在某地区生产的产品是否需在其他地区进一步加工生产等；

④划定为一个地区分部的各个地区之间在生产经营上应当不存在与经营相关的特别风险，如气候异常变化等；

⑤对于划定的境外地区分部的各个地区，应当考虑是否实行外汇管制，不能将实行外汇管制的国家和地区与外汇自由流动的国家和地区划定为一个地区分部；

⑥对于划定的境外地区分部的各个地区，应当考虑是否存在外汇汇率变动的风险，不能将外汇汇率变动幅度不同的国家或地区划定为一个地区分部。

（三）分部报告的信息披露形式和主要内容的设计

分部报告的信息披露形式，涉及主要报告形式和次要报告形式两种。企业可以业务分部报告为主要报告形式，也可以地区分部为主要报告形式，但无论以哪种为主要报告形式，分部信息都应当包括分部收入、分部费用、分部利润（亏损）、分部资产、分部负债等五部分。

七、对外财务报表附注的设计

附注是财务报表不可或缺的组成部分，是对资产负债表、利润表、现金流量表和所有者权益变动表等报表中列示项目的文字描述或明细资料，以及对未能在这些报表中列示项目的说明。附注与主体报表具有同等的重要性，是报表使用者了解企业财务状况、经营成果和现金流量的必读内容。根据财务报表列报准则的规定，报表附注应当包括如下内容：

（1）企业的基本情况，包括：企业的注册地、组织形式和总部地址；企业的业务性质和主要经营活动；母公司以及集团最终母公司的名称；财务报告的批准报出者和财务报告批准报出日，或者以签字人及其签字日期为准等内容。营业期限有限的企业，还应当披露有关其营业期限的信息。

（2）财务报表的编制基础。

（3）遵循企业会计准则的声明。企业应当明确说明编制的财务报表符合企业会计准则的要求，真实、完整地反映了企业的财务状况、经营成果和现金流量等有关信息，以此明确企业编制财务报表所依据的制度基础。

（4）重要会计政策和会计估计的说明，主要包括：对财务报表项目计量基础和会计政策的确定依据的说明；重要会计估计中所采用的关键假设和不确定因素的确定依据，因为这些关键假设和不确定因素在下一会计期间很可能导致对资产、负债账面价值进行重大调整。

（5）会计政策和会计估计变更以及差错更正的说明。企业应当按照《企业会计准则第 28 号——会计政策、会计估计变更和差错更正》的规定，披露会计政策和会计估计变更以及差错更正的情况。

（6）报表重要项目的说明。企业应当按照资产负债表、利润表、现金流量表、所有者权益变动表及其项目列示的顺序，对报表重要项目的说明采用文字和数字描述相结合的方式进行披露。报表重要项目的明细金额合计，应当与报表项目金额相衔接。企业应当在附注中披露费用按照性质分类的利润表补充资料,可将费用分为耗用的原材料、职工薪酬费用、折旧费用、摊销费用等。

(7) 或有和承诺事项、资产负债表日后非调整事项、关联方关系及其交易等需要说明的事项。

(8) 有助于财务报表使用者评价企业管理资本的目标、政策及程序的信息。

(9) 关于其他综合收益各项目的信息。包括其他综合收益各项目及其对所得税的影响;其他综合收益各项目原计入其他综合收益、当期转出计入当期损益的金额;其他综合收益各项目的期初和期末余额及其调节情况。

(10) 终止经营的收入、费用、利润总额、所得税费用和净利润,以及归属于母公司所有者的终止经营利润。

(11) 企业应当在附注中披露在资产负债表日后、财务报告批准报出日前提议或宣布发放的股利总额和每股股利金额(或向投资者分配的利润总额)。

第四节 对内财务报表设计

一、对内财务报表的特点和设计原则

(一) 对内财务报表的特点

与对外财务报表相比,对内报表的设计权完全归属于企业,没有统一性。因此,在报表的种类、内容、格式及编报时间上都有所不同。其特点表现如下:

(1) 报表内容有较强的针对性

对外财务报表的报送对象是外界信息使用者,为了适应不同信息使用者的需要,财务报表的内容具有普遍性。而对内报表的信息使用者均为本单位管理部门或管理人员,是为了特定的管理要求设计的,其内容应具有较强的针对性。

(2) 报表指标的多样性

在对外报表中,为了综合反映企业财务状况和经营成果,便于信息使用者对指标的分析和评价,采用的指标都是价值指标。而对内报表是为企业的经营管理服务的,其使用重点是通过对报表指标的分析、比较和评价,检查计划和预算执行情况和结果,分析计划和预算执行中存在的问题和不足,总结计划和预算执行过程中的经验,以便提高企业管理水平。因此,采用的指标不仅有价值指标,还应有实物指标;不仅有绝对指标,还应有相对指标;不仅有定量指标,还应有定性指标。

(3) 编报期限的灵活性

正常情况下，对外报表都是要求定期编报的报表，具有报表报送的最后限制期限。而对内报表根据报表的使用要求和报送对象，应具有一定的灵活性，既可按年、季、月定期编报，也可根据企业经营和内部管理的需要不定期编报。

(4) 报表种类的不固定性

对外报表的种类都由国家财政部门统一规定，在一定时期保持稳定不变。而对内报表由于是根据企业经营和管理需要而设计的，因此，不同时期因管理需求不同，报表的种类也有所不同。

(二) 对内报表的设计原则

对内报表是企业进行经营预测和决策、考核评价经营业绩的重要依据，对内报表设计是否适宜将直接关系到企业的经营决策。因此，设计对内报表时应遵循以下原则：

(1) 适用性原则

设计对内报表时，在指标内容上应力求具有专题性和实用性，不要求对内财务报表形成完整体系，而要求按使用者的需要设计，做到针对性强，重点突出。

(2) 简明性原则

对内报表是直接为企业生产、经营、管理服务的，报送对象是企业的经营管理当局，因此，在适用的基础上，其格式和指标名称应尽量简单、明了。

(3) 及时性原则

报表信息是企业预测和决策的主要依据，而预测和决策具有极强的时效性，因此，报表的编报必须及时，不得拖延。

二、对内财务报表的具体设计

对内财务报表是企业内部经营管理者进行预测决策的重要依据，由于企业的经营规模和管理要求不同，需要设计的内部报表种类也不一致，大中型工业和商品流通企业一般可以考虑设计以下几种报表。

(一) 日常财务管理用报表

企业日常管理主要是指货币资金管理、存货管理和销售管理。为了适应日常管理的需要，通常需要编制反映当日货币资金增减变动和结余情况、当日或一段时间的存货增减变动和结存情况以及当日和一段时间商品销售情况的财务报表，这类报表可以按日编制，也可以视业务量按周、按旬或按月编制。

1. 货币资金增减变动情况表

货币资金增减变动情况表是反映企业现金及银行存款每日增减变动及其余额情况的财务报表，由出纳员在每日业务终了后，根据现金，银行存款日记账及其他有关资料编制，报送会计负责人和企业主要领导，以便及时掌握企业现金和银行存款的变动情况，合理调配资金，并准确做出货币资金的使用决策。

为全面反映企业各项货币资金的变动，结余和存放情况，便于资金调度，设计该表时应突出三方面内容：一是当日实际资金金额，它是昨日账面余额，加上本日增加金额，再减去本日减少金额计算得出；二是本日货币资金增加的渠道和减少的去向；三是资金的存放地点和账户。

2. 银行存款报告单

银行存款报告单是对企业各种银行存款的借入，偿还和结欠情况进行详细反映的报表。一般由主管银行借款的会计人员在每月底编制并报送会计负责人和企业主要负责人，使其及时了解和掌握银行借款的增减变动和余额情况，以便加强银行存款管理，按期归还借款。

3. 进货日报表

进货日报表是对企业每日材料或商品购进的详细情况进行反映的一张业务报表，一般由主管材料和应付账款业务的会计人员在每日工作结束时编制并报送采购部门和其他有关部门，以便他们及时了解物资采购计划的执行情况，加强对采购业务的管理。为了反映材料采购资金的结算情况，应按现购和赊购分别列示。

4. 销货日报表

销货日报表是对每日商品销售的详细情况进行反映的一张业务报表，一般由主管销售和应收账款业务的会计人员在每日工作结束时编制并报送企业主要负责人及其他有关部门，以便他们及时了解和掌握企业销售计划的执行情况，及时发现问题，调整销售方式，改进销售策略，增加销售收入，减少销售风险。为了反映销货的结算情况，也应按现销和赊销分开列示。

（二）财务状况分析表

财务状况分析表是指根据资产负债表的有关资料，对各项资产，负债和所有者权益在各自总额中所占比重及报告期和基期比较的变化情况进行分析的报表，也称资产负债分析表。通过分析表，可以考察资产，负债的构成是否合理，便于了解企业的偿债能力，预测企业未来的财务状况。

(三)经营成果分析表

经营成果分析表主要是对企业一定时期构成经营成果的各项目本期实际数与计划数或上期数或上年同期实际数等进行比较和分析的报表。利用此表，可以反映出本期利润与对比数之间的关系，确定增减变动情况以及各项目对利润总额变化的影响程度，以便据此查明利润升降的原因，总结经验，发现问题，提出措施，改进工作等。

经营成果分析表一般包括利润分析表、主营业务利润明细表（主营业务收支明细表）、营业外收支明细表、管理费用明细表、营业费用明细表等。

1. 利润分析表

为了反映利润计划的本期和本年累计执行情况，设计损益分析表时应按本期数和本年累计数分设栏目，并按利润的构成项目反映它们的实际数、计划数、差异数和增减百分比，对比数字可以选择一个，也可以选多个。

2. 主营业务利润分析表

主营业务利润分析表可分别按主营业务利润结构和采用因素分析法进行编制。按主营业务利润结构编制主营业务利润分析表是指主营业务种类或者是所售商品品种分栏设计，反映每类主营业务或每一商品营业收入，营业成本、营业税金及附加的本期实际数与计划数，通过比较，分析和考核各主营业务或所售商品营业情况的报表。

利用因素分析法编制主营业务利润分析表，是对主营业务利润计划执行情况进行重点分析所使用的报表。该表与"其他业务利润分析表""营业外收支明细表"一起，共同反映利润计划执行情况和升降原因。设计该表时，应把影响主营业务利润的各个因素及其影响程度反映出来。

3. 营业外收支明细表

营业外收支明细表是根据营业外收支明细账和营业外支出明细账的有关资料，对各项营业外收支的本期实际数加以反映，并与上年实际平均数进行对比分析的内部报表。编制营业外收支明细表，有利于了解营业外收支的构成内容，有针对性地采取措施，控制营业外支出，扩大盈利。

4. 投资收益明细表

投资收益明细表是根据投资收益明细账的有关资料，对各项投资收益和投资损失的本年实际数进行反映，并与上年实际数进行对比的内部报表。该表一般由负责投资收益明细账的会计人员于每年年末编制，报送企业主要负责人及投资管理部门，以利于企业优化投资结构，做出正确的投资决策，取得最佳投资收益。

5. 营业费用明细表

营业费用明细表是由负责登记营业费用明细账的会计人员于每月月末根据营业费用明细账编制的，用于反映企业每月营业费用的实际发生情况，并与本期预算数和上期实际数进行对比的会计报表。编制此表有助于了解和掌握营业费用预算的执行情况，分析营业费用变化发展趋势，控制营业费用的开支，提高产品的盈利水平。

6. 管理费用明细表

管理费用明细表是由负责登记管理费用明细账的会计人员于每月结束后根据管理费用明细账编制的，用于反映企业每月管理费用实际支出情况，并与本年预算数和上年实际数进行比较的一张会计报表。其报送对象一般为企业主要负责人和费用预算管理部门及其他有关部门。由于管理费用直接计入当期损益，其实际支出水平如何直接关系到企业的盈利水平，因此，编制此表有利于管理部门及时了解和掌握企业各月份管理费用实际支出情况和预算执行情况，便于及时采取控制费用支出的措施，提高管理水平和企业的盈利水平。

（四）成本费用报表的设计

反映企业成本费用的报表均属于内部管理用财务报表，因为在市场经济休制下，企业成本费用管理是企业内部管理问题，其管理方法有哪些，是计划管理，还是预算管理或定额管理或标准管理，其管理成效怎样，均为企业的商业秘密，不得外露。另外，从企业信息使用者来看，他们所关心的是企业的财务状况和经营成果如何，而对企业成本费用管理方法等不必过多了解。受企业经营特点决定，不同行业的成本费用报表也不相同。

1. 工业企业成本费用报表的设计

在工业企业里，常用的成本费用报表有制造费用明细表、生产成本明细表、主要产品单位成本表，材料、人工消耗报告等。

（1）制造费用明细表

制造费用明细表是由负责登记制造费用明细账的会计人员于每月末根据制造费用明细账编制，反映企业一定时期制造费用的实际发生情况，并与本期计划数和上年实际数进行对比的财务报表，它一般报送给生产成本管理部门及其他有关成本费用管理部门。通过编制制造费用明细表，可以及时了解企业制造费用计划的完成情况，掌握其发展变化趋势，以便及时采取对策，提高费用管理水平，降低制造费用，从而降低生产成本。

（2）主要产品单位成本表

主要产品单位成本表是对企业的各种主要产品，按成本项目反映其实际成本结构情况，并与本年计划或标准成本进行比较的财务报表。编制此表，有利于了解主要产品的单位成本变化情况，分析成本升降原因，寻求降低成本的途径，加强成本管理。

(3) 产品生产成本表

产品生产成本表是由负责登记生产成本明细账的会计人员于每月末根据生产成本明细账编制的，用来反映企业一定时期内产品生产总成本的财务报表。其报送对象主要是本单位主要负责人和有关成本管理部门。产品生产成本表通常按照成本项目分别列示本月实际，本年累计实际和上年实际平均等有关指标，以便对比分析，了解企业产品生产成本发展趋势，强化成本管理。

(4) 材料消耗报告

材料消耗报告是详细反映产品生产中物化劳动消耗情况的财务报表，该表一般由负责登记材料明细账的会计人员于每月月末根据材料明细账和有关材料定额管理资料编制，主要报送对象为企业主要负责人、生产部门和有关成本管理部门。通过编制本表，可以及时发现材料消耗中存在的问题和不足，便于生产部门和管理部门及时采取降低材料消耗的对策，以便降低材料费用和产品生产成本，提供企业管理水平和经济效益。该表一般分生产车间或班组编制。

(5) 人工消耗报告

人工消耗报告是详细反映企业一定时期内产品生产过程中活劳动消耗情况的财务报表，一般由负责工资核算的会计人员于每月结束后根据工资核算凭证进行编制，同时反映人工定额消耗和实际消耗指标。其报送对象是本单位负责人、有关生产管理部门，以便及时发现生产管理中存在的问题和不足，改进管理方案，提高人工利用效率，降低成本，提高经济效益。人工消耗报告一般分车间或班组编制。

2. 商品流通企业费用报表的设计

商品流通企业与工业企业相比，只需编制费用报表，且费用报表种类也较少，一般只有"营业费用明细表"一种。

商品流通企业的营业费用指商品在进、销、存过程中所发生的一切费用。营业费用明细表是反映商品流通企业一定时期营业费用发生情况的会计报表，由负责营业费用明细账登记的会计人员于每月末根据营业费用明细账编制，报送对象是单位主要负责人和有关管理部门，为发现管理工作中的问题和不足，提高企业经营管理水平和经济效益，本表应同时提供本月实际指标和本月预算指标。

第八章 账务处理程序设计

第一节 账务处理程序设计概述

账务处理程序，又称会计核算形式或会计核算组织程序，是指从填制会计凭证、登记会计账簿到编制会计报表的整个过程。在这个过程中，由于各个部分的组织和结合方式不同，因此产生了不同的账务处理程序。科学合理的账务处理程序，对于保证会计核算质量、简化会计核算工作、提高工作效率等，具有重要的作用。因此，科学设计合理的账务处理程序，是企业会计制度设计的重要内容之一。

一、账务处理程序设计的意义

账务处理程序设计要解决的问题是，如何以账簿组织为核心，将会计凭证、会计账簿、记账方法和记账程序有机地结合起来处理账务，它具体包括：在会计制度中选用哪些账簿，各种账簿之间如何建立联系，进而组成记录全部经济业务的账簿体系；使用哪些种类与格式的原始凭证和记账凭证，凭证之间以及凭证和账簿之间怎样进行联系；各种会计报表产生的程序和根据；会计凭证如何填制和传递、会计账簿如何登记、怎样根据账簿的记录编制会计报表等方面的工作顺序的规定。

账务处理程序设计是否妥当，是否符合本单位的业务特点和管理要求，关系到会计工作能否顺利进行，会计信息能否及时准确地提供，会计劳动能否节约，会计的作用能否充分发挥。账务处理程序的设计意义具体表现如下：

（一）体现会计制度的系统性和完整性

会计制度中的许多内容不是孤立存在的，也不能以独立的方式去指导会计实践，必须结合一定的账务处理程序。可以说，账务处理程序的设计，是对经济业务的记录、处理和汇集手段进行协调、组织和综合，使之成为一个系统，从而体现会计制度的系统性和完整性。

（二）保证会计工作的有机运行

会计核算的基础工作可以概括为三项：填制会计凭证、登记会计账簿和编制会计报表。良好的账务处理程序，可以促使会计的各项工作有条不紊、相互协调地运行，使会计信息在各个工作环节上的整理、加工以及反馈都能及时准确，杜绝会计凭证的迂回传递和会计账簿的重复登记，有利于会计信息在适宜的时空条件下产生。

（三）提高会计核算质量和工作效率

会计核算质量的高低，影响着会计对经济活动管理作用的发挥，而核算质量又与其工作的效率有着直接的关系。效率低下的会计工作，不可能产生高质量的会计信息。而账务处理程序设计得合理、科学，有利于简化工作手续，避免重复劳动，从而提高工作效率。只有工作效率提高了，核算速度加快了，才能保证信息的及时提供，核算内容也能相应拓宽，会计工作质量才能相应提高，否则，工作手续繁琐，核算不及时，会计质量将无法保证。

（四）节约会计耗费，降低会计成本

会计耗费是指从事会计工作所支出的一切物化劳动和活劳动；会计成本是指为加工一定种类和数量的会计信息所发生的会计耗费。为此，会计自身的工作必须注重节约，账务处理程序设计得好，可以在对凭证、账簿和报表的协调中，发现问题并及时解决，减少不必要的工作环节和手续，杜绝无效劳动，节约人力、财力、物力的支出，降低会计成本，进而实现整个会计制度经济节约、简明适用的目的。

二、账务处理程序设计的种类

将会计凭证、会计账簿、会计报表等要素，按照不同的方式和顺序有机地结合起来，就形成了不同的账务处理程序，它们分别适用于经济业务特点、经营规模大小、经济管理要求不同的单位，由于各种账务处理程序的主要区别在于登记总分类账的依据和方式不同，因此，设计账务处理程序的种类主要以如何登记总分类账作为标准，一般来讲，在登记总分类账时，既可以将经济业务逐笔记入总分类账，简称逐笔过账，又可以将经济业务汇总后记入总分类账，简称汇总过账。

尽管逐笔过账程序和汇总过账程序登记总分类账的依据及方式不同，但在实际工作中，往往可以相互变通，结合使用，并派生出一些其他的账务处理程序。

三、账务处理程序的设计原则

为了保证账务处理程序设计的科学合理、简明适用，应当遵循以下设计原则。

（一）符合本单位的具体情况

要设计科学合理的账务处理程序，必须从本单位的实际出发，考虑各种主客观条件，而不能一味模仿其他单位的做法，具体地讲，应当考虑以下几个方面：

1. 经济活动的特点和经济业务的数量

这是设计账务处理程序的决定性因素，任何单位的账务处理程序，要想做到科学合理，首先必须适应本单位的经济活动的特点和经济业务发生的数量，一般来讲，行政事业单位和小型企业，经济业务比较简单，数量也相对较少，因此可以考虑采用逐笔过账程序；而大中型企业，经济业务复杂，数量也较多，更适宜采用汇总过账程序。具体采用哪种账务处理程序，可根据企业会计科目的数量、人员的分工等情况决定。

2. 经济管理的要求

经济管理对会计工作提出的要求，是设计账务处理程序时必须考虑的第二因素。账务处理程序的终点，是编制会计报表，为经济管理提供数据资料。为此，各种资料出自何处、在哪个环节提供、采用什么方式等都应有合理的安排。

3. 财务机构的内部组织情况

一般来讲，财务会计人员数量多、内部分工比较细、岗位责任制健全的单位，适宜选用汇总过账的核算程序，以便机构内部的分工合作；反之，则应考虑逐笔过账的核算程序。

（二）有利于凭证、账簿和报表之间的协调

设计账务处理程序，就是对会计凭证、账簿、报表等进行综合性的研究，使之有机地结合起来，协调一致，为此，在设计账务处理程序时，必须解决好以下几个方面的问题：（1）凭证与凭证之间的联系：如何根据原始凭证编制记账凭证，是否需要汇总原始凭证若采用汇总过账，记账凭证与汇总记账凭证如何联系等；（2）凭证与账簿之间的联系：各种账务处理程序的主要区别就是在于凭证和账簿的链结方式不同；（3）账簿与账簿之间的联系：包括分类账簿与序时账簿之间的联系、总分类账簿与明细分类账簿之间的联系：
(4) 账簿和报表之间的关系。

(三) 有利于减少会计工作量，提高会计工作效率

记账凭证账务处理程序，是指账务处理程序的基本形式，其他各种账务处理程序都是在这一基本形式的基础上演变发展而来的。为此，设计账务处理程序，必须考虑减少工作量、提高工作效率的要求。具体到一个单位，其所设计的账务处理程序，应当小于或等于记账凭证账务处理程序下的工作量。否则，就是不成功的设计。

(四) 有利于加强内部会计控制

账务处理程序的设计，不仅要求符合单位具体条件，协调会计的各项工作，提高会计的工作效率，而且要求加强会计工作的内部控制制度，明确会计核算的各个环节、各个岗位上的责任，使从事各项工作的人员能相互制约、相互监督，既有明确的分工，又能有效地合作。如果账务处理程序的设计不合理，则内部控制就会不严格，责任也会不明确，既影响工作效率，又难以保证工作质量。

四、账务处理程序的设计步骤

根据各设计单位具体情况的不同，账务处理程序的设计应当采用不同的工作步骤，才能保证质量、节约劳动。一般账务处理程序的设计步骤包括以下两种情况：

(一) 原有单位账务处理程序改进设计的步骤

对各企业、行政事业等单位原有的账务处理程序进行改进设计，一般应当先确定账务处理程序的类型，然后再逐项设计账务处理程序各组成部分的具体内容。因为原有单位已经设立运行，且对原有账务处理程序是否合适，存在哪些问题，需要做哪些改进、创新等情况都比较清楚，对财务人员的习惯也了解，相关资料也容易获得，因此，能够比较容易地正确确定账务处理程序的类型，并在此基础上，进行各个核算环节的设计。

具体地讲，这种设计的基本步骤是：(1) 根据对该单位生产经营特点和管理要求的调查，大致规划出该单位适用的账务处理程序的类型。在必要的情况下，可以画出账务处理程序的草图；(2) 按照草图的要求安排账簿组织，设计各个核算环节使用的会计凭证、序时账簿、分类账簿和会计报表等，并使它们各自形成完整的体系；(3) 在设计各个具体核算环节的内容时，如果

发现事先规定的账务处理程序有不妥的地方,应当进行修改,在草图上适当予以调整,使其逐步完善和严密,做到科学合理。

(二)新建单位账务处理程序设计的步骤

为新成立的企业、行政事业单位设计账务处理程序,其步骤与第一种情况一般相反,即先分别设计凭证、账簿、报表等具体内容,然后再将它们组合起来,形成所需要的账务处理程序。由于新建单位一切从零开始,既无成形的凭证、账簿、记账方法和记账程序,又不了解财务人员的习惯,因此可以不受原有模式的束缚。

具体来说,设计的基本步骤是:(1)根据经济业务特点和管理要求,分别设计所需要的凭证、账簿及报表的种类和格式,各自形成独立的完整体系;(2)将各种凭证、账簿、报表等与记账方法有机地组合起来,确定它们之间的联系和记账程序,从而构成整体账务处理程序;(3)对不适应或不利于整体账务处理程序实施的各个核算环节,进行必要的修改或补充。

第二节 逐笔过账账务处理程序的设计

逐笔过账账务处理程序,根据单位业务特点和管理要求不同,可以分为两种:记账凭证账务处理程序和日记总账账务处理程序。它们的共同点是根据原始凭证编制记账凭证,并根据记账凭证登记总账。其优点是能够反映经济业务发生的时间顺序,记录及时、详细、清晰。其缺点是当经济业务较多时,登记总账的工作量较大,且与其他账簿记录重复。因此,一般适用于经营规模小,经济业务数量少且会计分工不细的单位。

一、记账凭证账务处理程序的设计

记账凭证账务处理程序是账务处理程序中最基本的形式,这种账务处理程序的特点是根据各种记账凭证逐笔直接登记总分类账。

(一)所使用的记账凭证、账簿设置

1. 记账凭证的设置

记账凭证一般设置收款凭证、付款凭证、转账凭证三种或只设一种通用格式的记账凭证,一般为复式记账凭证。由于不对记账凭证汇总,因此不设汇总记账凭证。

2. 账簿的设置

账簿组织应当包括总分类账和各明细分类账。总分类账一般采用三栏式订本账,并按每一总分类科目开设账页。明细分类账可根据实际需要,分别采用三栏式、数量金额式和多栏式等格式,但均为活页账。为了加强货币资金的核算和管理及时了解货币资金的增减变化及结存情况,还应当单独设置现金日记账和银行存款日记账,其格式一般采用三栏式订本账,如有必要,也可采用多栏式。

（二）记账的基本程序

1. 根据原始凭证或原始凭证汇总表编制记账凭证；

2. 根据记账凭证中的收款、付款凭证逐日逐笔登记库存现金日记账和银行存款日记账；

3. 根据各种记账凭证,结合原始凭证或原始凭证汇总表逐笔登记各种明细分类账并将记账凭证号记人"凭证登记簿"；

4. 根据各种记账凭证逐笔登记总分类账,并在总账的摘要栏内说明经济业务的主要内容或对方科目,以建立账户之间的对应关系；

5. 根据总账资料定期与有关的明细账和日记账进行核对,保证账账相符；

6. 根据总账、明细账和其他有关资料定期编制会计报表。

此外,为了检查总账各账户余额的平衡关系,为对账、报账的顺利进行作准备,还可在账账核对之前,编制"总账科目余额试算平衡表"。

（三）优缺点及适用范围

1. 优点

记账凭证账务处理程序优点主要有：(1) 手续简便,账务处理环节少,操作比较容易；(2) 总分类账可以比较详尽地记录和反映经济业务的发生或完成情况,对一些不常发生的经济业务的会计科目,可以不设置明细分类账,只需在总分类摘要栏内详细说明业务内容即可,使总账内一些会计科目的摘要记录起到明细账的作用；(3) 对月末没有余额的一些会计科目,如"管理费用""主营业务收入"等,其总账和明细账可合二为一,只要总账使用多栏式账页,就可避免总账与一些明细账的重复登记问题。

2. 缺点

记账凭证账务处理程序的缺点主要是总账逐笔登记,导致工作量较大,尤其是在经济业务量多时,存在大量重复劳动,因此,它适用于规模较小、经济业务较少的企事业单位。

二、日记总账账务处理程序的设计

日记总账账务处理程序的主要特点是：设置一种兼有序时记录和分类记录双重作用的联合账簿——日记总账，并根据记账凭证予以逐笔登记。与记账凭证账务处理程序的主要区别在于总分类账的设置与登记不同，其他则基本一致。

（一）所使用的记账凭证、账簿种类

1. 记账凭证的设置

记账凭证可以采用收款、付款、转账三种专用格式，但最好设计成通用格式，一般使用复式记账凭证，不设汇总记账凭证。

2. 账簿的设置

账簿组织包括日记总账和各种明细分类账，日记总账采用特殊的多栏式，将所有总分类账户都集中在一张账页上，即将金额栏按照一级会计科目分为若干栏目，有多少总账科目，就设多少栏目，在每一科目栏下再分为两小栏，分别设计为"借方""贷方"，登记各总账科目的增减变化，同时完成经济业务的序时记录和分类记录。明细账和日记账使用的格式与记账凭证账务处理程序相同。

（二）记账的基本程序

1. 根据原始凭证或原始凭证汇总表编制记账凭证；
2. 根据有关记账凭证逐日逐笔登记库存现金日记账和银行存有日记账；
3. 根据记账凭证，结合原始凭证或原始凭证汇总表逐笔登记各种明细分类账；
4. 根据记账凭证逐笔登记日记总账；
5. 日记总账与有关的明细账、日记账定期核对，保证账账相符；
6. 根据日记总账、明细账和其他有关资料编制会计报表。

（三）优缺点及适用范围

1. 优点

日记总账账务处理程序的优点主要有：（1）将全部经济业务集中记录在日记总账上，便于反映企业经济活动的全貌；（2）账簿上能够清楚地反映账户之间的对应关系，便于会计分析和进行查账，减少账簿登记中的错误；（3）同时进行序时记录和分类记录，账务处理手续简化；（4）月末可以直接对本月发生额和余额进行核对与试算平衡表，保证会计报表编制的顺利进行，不需要编制"总账科目余额试算平衡表"。

2. 缺点

日记总账账务处理程序的缺点主要有：(1) 不便于分工记账；(2) 如果企业经济业务复杂，运用会计科目较多，日记总账的账页就会过长，既不便于记账和查阅，又造成纸张的浪费，也不利于账簿的保管，因此，它适用于业务特别简单、会计科目数量少、会计人员不多、分工不细的单位，如小型机关、团体和学校等。

第三节 汇总过账账务处理程序的设计

汇总过账的账务处理程序，具有汇总登记总账的共同特点，但由于总账的登记，既可以根据汇总后的记账凭证，也可以根据各种日记账的汇总数字，因此可以设计成以下几种基本方式：记账凭证全部汇总账务处理程序、记账凭证分类汇总账务处理程序、多种日记账账务处理程序、凭单日记账账务处理程序和科目汇总表账务处理程序。

一、记账凭证全部汇总账务处理程序的设计

这种账务处理程序是在以记账凭证为基础汇总登记总账时最常用的一种方式。特点是将一定时期的记账凭证中总账科目的发生额全部汇总在一张记账凭证汇总表上，然后据此登记总账。

(一) 所使用的记账凭证、账簿种类

1. 记账凭证的设置

记账凭证除了设置收款、付款、转账凭证外，还必须设计"记账凭证汇总表"，以便定期对全部记账凭证的内容进行汇总。汇总时，将全部记账凭证所涉及的各个会计科目的借方、贷方发生额定期分别合计起来，填入有关栏内，据此登记总账。登账后，将总账账页编号填入"总账页次"栏，以便账证核对，保证相符。

2. 账簿的设置

账簿组织及格式应与记账凭证账务处理程序相符，包括总分类账、库存现金日记账、银行存款日记账和各种明细分类账。

(二) 记账的基本程序

1. 根据原始凭证或原始凭证汇总表编制记账凭证；

2. 根据收款凭证、付款凭证登记现金日记账和银行存款日记账；

3. 根据记账凭证，结合原始凭证或原始凭证汇总表登记各种明细分类账；

4. 根据记账凭证定期编制"记账凭证汇总表"；

5. 根据记账凭证汇总表登记分类账；

6. 总账与明细账、日记账定期核对，保证账账相符；

7. 根据总账、明细账和其他有关资料编制会计报表。

（三）优缺点及适用范围

1. 优点

记账凭证全部汇总账务处理程序的优点主要有：(1) 汇总手续简单，大大简化了登记总账的工作量；(2) 记账凭证汇总表分别借贷方合计本期各账户的借方发生额和贷方发生额，利用借贷方合计数可以起到试算平衡的作用，便于及时发现错误并予以更正；(3) 总账记录成为综合性的数据，只反映各会计科目一定时期的增减发生额，因此，总账可以不设置"摘要"栏而采用多栏式总账格式，方便记账、对账工作。

2. 缺点

记账凭证全部汇总账务处理程序的缺点主要有：(1) 经济业务复杂，复合会计分类较多时，汇总工作比较麻烦；(2) 记账凭证汇总表和总分类账不能明确反映账户之间的对应关系，不便于分析和检查经济业务的来龙去脉，不便于查对账目，该程序适用于经济业务较多的大中型企业。

二、记账凭证分类汇总账务处理程序的设计

这种账务处理程序的特点是：先定期将全部记账凭证按收款、付款、转账凭证分别归类编制汇总记账凭证，再根据汇总记账凭证登记总分类账，因而，也称为汇总记账凭证账务处理程序。

（一）所使用的记账凭证、账簿种类

1. 记账凭证的设置

记账凭证除了设置收款、付款、转账凭证外，还应设置汇总收款凭证、汇总付款凭证和汇总转账凭证。汇总记账凭证的具体编制方法是：(1) 汇总收款凭证，按库存现金或银行存款科目的借方分别设置，根据一定时期内的全部库存现金或银行存款收款凭证，分别按与设证科目相对应的贷方科目加以归类，定期（一般为5天、10天或15天等）汇总填列一次，每月编制一张，月终根据合计数登记总账；(2) 汇总付款凭证，按库存现金或银行存款

科目的贷方分别设置，根据一定时期内的全部现金或银行存款付款凭证，分别按与设证科目（库存现金或银行存款）相对应的借方科目加以归类定期汇总填列一次，每月编制一张，月终根据合计数登记总账；(3) 汇总转账凭证，按每一贷方科目设置，根据一定时期内的全部转账凭证，按与设证科目相对应的借方科目加以归类，定期汇总填列一次，每月编制一张，月终结算出合计数，据此登记总账中各有关账户的借方和设证账户的贷方。

2. 账簿的设置

账簿组织及格式应与记账凭证账务处理程序相符，包括总分类账、库存现金日记账、银行存款日记账和各种明细分类账。

（二）记账的基本程序

1. 根据原始凭证或原始凭证汇总表编制记账凭证；
2. 根据收款凭证、付款凭证登记库存现金日记账和银行存款日记账；
3. 根据记账凭证，结合原始凭证或原始凭证汇总表登记各种明细分类账；
4. 根据收款凭证、付款凭证和转账凭证，定期编制汇总收款凭证、汇总付款凭证和汇总转账凭证；
5. 月终，根据汇总收款凭证、汇总付款凭证和汇总转账凭证，登记总分类账；
6. 总账与明细账、日记账定期核对，保证账账相符；7. 根据总账、明细账和其他有关资料编制会计报表。

在填制汇总收款凭证、付款凭证时，对于现金和银行存款之间相互划转的业务，应以付款凭证为依据，汇总到以贷方为主的付款凭证中去；此外，为了便于汇总转账凭证的填制，在日常编制转账凭证时，应使各账户之间保持一借一贷或多借一贷的对应关系，而不宜采用一借多贷或多借多贷的对应关系。

（三）优缺点及适用范围

1. 优点

记账凭证分类汇总处理程序的优点主要有：(1) 汇总记账凭证每月定期编制一次或数次，登记总账，大大简化了记账工作；(2) 汇总记燃凭证和总账上仍然能够反映出科目之间的对应关系，不仅便于了解经济业务内容的来龙去脉，而且发生差错后也容易查找；(3) 分类汇总、分类平衡，便于会计人员分工，加快汇总的速度。

2. 缺点

记账凭证分类汇总处理程序的缺点主要有：汇总手续比全部汇总核算程

序麻烦，如果单位经济业务较少，凭证数量不多，会增加汇总的工作量，起不到简化的作用，因此，它适用于规模大、业务多的企业。

三、多种日记账账务处理程序的设计

这种账务处理程序的特点是：设置多种专用的日记账，构成一个完整的序时记录体系，记录发生的全部经济业务，并以各种日记账作为过账媒介登记总分类账。由于各种专用日记账是按各有关科目设置专栏，对经济业务分类汇总后登记总账的，所以属于汇总过账核算程序。

（一）所使用的记账凭证、账簿种类

1. 记账凭证的设置

这种账务处理程序不绝对要求每一笔经济业务都编制记账凭证，可以根据加盖戳记的原始凭证直接登记日记账。实际工作中，可以对外来原始凭证编制记账凭证，以方便记账和保管；而对自制原始凭证，只要留有加盖戳记的位置，并保证尺寸规格统一即可代替记账凭证。

2. 账簿的设置

账簿组织除设置总外类账和完整的明细分类账之外，为了能记录全部经济业务，还应设计一个严密的、完整的多种日记账体系，日记账体系的设计取决于企业经济业务的特点。日记账按其记录经济业务的内容可外为两大类：特征日记账和普通日记账。特征日记账专门登记某一类经济业务，普通日记账则记录所有特种日记账不登记的经济业务。企业对经常发生的经济业务，应设置特种日记账记录；而对于发生次数很少的经济业务，则应合并在普通日记账中记录，以减少账簿的种类。企业应设多少本特种日记账，具体设哪一本，都取决于企业经济业务的发生量。

（二）记账的基本程序

1. 在原始凭证上加盖记账戳记，并据此编制原始凭证汇总表；
2. 根据实际需要，对外来原始凭证或原始凭证汇总表编制记账凭证；
3. 根据加盖戳记的原始凭证或记账凭证登记各种日记账；
4. 根据日记账，结合原始凭证登记各种明细分类账；
5. 每月月末，根据各种特种日记账的各专栏合计数登记总分类账，并根据普通日记账逐笔或汇总登记总分类账；
6. 总账与有关的明细账定期核对；
7. 根据总账编制总账科目余额表；

8. 根据总账、明细账和有关的日记账编制会计报表。

需要指出的是，当一笔经济业务涉及两种日记账时，往往需要规定何种业务登记何种日记账。如果某笔经济业务在两种日记账中被重复登记，就必须明确规定哪一本日记账中的有关专栏过总账，哪一本日记账中的有关专栏不过总账。因此，过总账的手续比较复杂。此外，在这种账务处理程序下，总账的账页格式可以使用三栏式，每一会计科目占用一张账页，分别反映各科目的情况；也可使用多栏式，将全部科目排列在一张账页上，以便通过账户的对应关系了解资金运动的情况，并进行试算平衡，省去"总账科目余额表"的编制。

（三）优缺点及适用范围

1. 优点

多种日记账账务处理程序的优点主要有：（1）日记账可以形成完整的序时记账体系，便于分析和检查各类经济业务的发生情况；（2）省略了部分记账凭证的编制工作，同时简化了总账的登记工作；（3）便于会计人员分工，提高工作效率。

2. 缺点

多种日记账账务处理程序的缺点主要是账簿组织复杂，不便于中小企业使用，且不太符合会计实际工作者的习惯。因此，它适用于经济业务复杂、往来业务多、财务人员分工细、业务水平较高的大型工商企业。

四、凭单日记账账务处理程序的设计

这种账务处理程序的特点是：设置具有多种日记账作用的特殊账簿——凭单日记账，记录发生的全部经济业务，并以凭单日记账为过账媒介汇总登记总分类账。与多种日记账账务处理程序比较，根据序时账簿的记录汇总登记总账是它们的共同点，而在日记账的设置和登记方法、种类、格式等方面，两者又有明显的区别，多种日记账是在普通日记账的基础上，根据各类经济业务的繁简程度确定是否设置特种日记账，而凭单日记账则是根据各账户的贷方分别设置账簿的。

（一）所使用的记账凭证、账簿种类

1. 记账凭证的设置

这种账务处理程序不要求全部经济业务都根据原始凭证编制记账凭证，但为了加强对货币资金支出的控制监督，可对付款业务单独编制付款凭证，其他业务则可以在原始凭证上加盖戳记后直接登记凭单日记账。

2. 账簿的设置

账簿组织除设置总分类账和各种有关明细账外，还要求必须按总账科目分设凭单日记账，并配以固定的编号，以便记账和对账。凭单日记账的数量多少应根据各总账科目核算业务的繁简程度决定。

（二）记账的基本程序

1. 根据付款业务的原始凭证编制记账凭证；
2. 根据加盖戳记的原始凭证和记账凭证登记凭单日记账；
3. 根据原始凭证、原始凭证汇总表及凭单日记账登记各种明细分类账；
4. 根据凭单日记账登记总分类账；
5. 根据总账编制总账科目余额表；
6. 总账与明细账、凭单日记账定期核对；
7. 根据总账、明细账和凭单日记账编制会计报表。

（三）优缺点及适用范围

1. 优点

凭单日记账账务处理程序的优点主要有：（1）由于能够根据加盖戳记的原始凭证直接登记凭单日记账，因而简化了编制记账凭证的工作；（2）可以在账簿上对发生的经济业务做出比较完整的序时记录，方便查账、改错和审计工作的进行；（3）在凭单日记账上对各有关账户的贷方发生额或借方发生额进行了自然汇总，不仅简化了登记总账的工作，而且不需要像汇总凭证账务处理程序那样，进行专门的整理和汇总工作；（4）由于在凭单日记账中对每个账户的贷方发生额都详细地反映了其对应账户，而在总分类账中对每个账户的借方发生额的对应账户进行了集中反映，因此，总账与日记账相互配合，可以全面反映和分析资金运动的来龙去脉；（5）便于财务会计人员分工，实行岗位责任制，从而能够提高工作效率，加快会计报表的编报速度。

2. 缺点

凭单日记账账务处理程序的缺点主要是：账簿组织复杂、种类太多，某些业务较少的科目不便于设置凭单日记账，还需要借助记账凭证，因而凭证、账簿之间容易发生混乱，也不便于统一保管。所以，这种账务处理程序适用于经济业务多、会计人员分工细的大型企事业单位。

以上我们介绍了各种具体的账务处理程序，并就它们的设计要求、特点、优缺点及适用范围等分别进行了讨论。但必须明白，各种账务处理程序之间并不是完全孤立、相互排斥的，它们可以根据各单位具体情况的需要，变通使用，以便于在会计资料准确无误的前提下，简化会计手续。

第九章 内部控制制度设计

第一节 内部控制制度设计概述

一、内部控制制度的含义和作用

(一) 内部控制制度的含义

内部控制制度的前身是内部牵制制度。20世纪初，随着生产社会化程度的空前提高，股份公司逐渐成为西方国家主要的企业组织形式，竞争的加剧迫使许多企业普遍加强了对生产经营活动的控制，在管理理论的指导和企业管理的现实需求下，欧美一些企业在内部牵制思想的基础上，借助各种事先确定的科学标准和程序，纷纷在企业内部组织结构设置、经济业务授权和处理程序等方面实施控制，基本做到了职能部门和人员分工制度化，业务处理程序标准化、规范化，从而达到了防错消弊、保护企业财产物资的安全和完整，保证会计信息的真实、可靠，确保经营管理方针的贯彻落实及提高企业经营效率的目的。1936年，由美国注册会计师协会发布的《独立公共会计师对财务报表的审查》首次定义内部控制，该文件将内部控制定义为"为了保护公司现金和其他财产的安全、检查账簿记录准确性，而在公司内部采用的各种手段和方法"。

第二次世界大战后，随着西方资本主义国家营运资本趋向集中，企业的规模不断扩大，职能管理部门随之增多，子公司、分公司、派出机构大量出现，经济业务日趋复杂，为了加强母子公司之间、公司内部各职能部门之间的相互控制，保证经济活动的规范进行，进而促使各办事机构的人员尽职尽责，遵循既定的管理方针，提高工作效率和工作质量，增进会计信息的可靠性，内部控制的范围不断扩大，控制方法逐渐增多。适应环境发展的需要，1949年美国注册会计师协会又将内部控制定义为："内部控制是企业为了保证财产的安全完整，检查会计资料的准确性和可靠性，提高企业的经营效率以及促进企业贯彻既定的经营方针，所设计的总体规划及所采取的与总体规划相适应的一切方法和措施。"

1963年，美国审计委员会又首次将内部控制划分为内部会计控制和内部管理控制两个分支，使内部控制理论体系日臻完善。进入20世纪80年代后，内部控制理论又有了新的进展，美国注册会计师协会于1988年5月公布的《审计准则公告第55号》，以"内部控制结构"取代了"内部控制制度"，开始注意控制环境的作用，并将会计制度正式列为内部控制的构成要素，使内部控制由相互独立的两个分支上升到一个从关注各利害关系主体对内部控制的态度开始，到对内部控制实施最终效果——会计信息的评价这样一个逻辑较为严密的控制体系

在总结20世纪80年代后期发生的财务舞弊案经验和教训的基础上，美国反虚假财务报告委员会（Treadway委员会）的主办组织委员会（COSo）于1992年发布，并于1994年修改的《内部控制——整合框架》，对内部控制结构进行了重新设计，并将内部控制做了如下描述：内部控制是由企业董事会、经理阶层和其他员工实施的，为营运的效率效果、财务报告的可靠性、相关法律的遵循性等目标的达成而提供合理报告的过程，将内部控制目标重新界定为"合理地确保经营效率和有效性、财务报告的可靠性和对适用法律的遵循"，并承认了风险评估在内部控制中的地位。1994年美国管理会计师协会在其发布的《内部控制结构》中，又将内部控制定义为："内部控制是这样一个整体系统，由管理者建立的、旨在以一种有序的和有效的方式进行公司的业务，确保其与管理政策和规章的一致，报告资产，尽量确保记录的完整性和正确性。"

2004年10月，受美国"安然""世通"等恶性财务舞弊案的影响，Treadway委员会结合《萨班斯——奥克斯利法案》（Sarbance-Oxley Act）对内部控制的要求，再次发布内部控制报告——《企业风险管理——总体框架》，提出了风险偏好和风险容忍度等概念，将原风险评估扩展为目标设定、事项识别、风险评估和风险反映，强调了风险管理在内部控制中的重要性，并在内部控制定义中明确了以下内容：是一个过程、被人影响、应用于战略制定、贯穿整个企业的所有阶层和单位、旨在识别影响组织的事件并在组织的风险偏好范围内管理风险、合理保证各类目标的实现等。自此，内部控制制度由注重对经营效率的提高、会计信息的完整性和正确性的保证以及对既定法律的遵循，演变为对经营风险的预防、控制和评估。

分析内部控制制度发展演变史，可以得出如下结论：①内部控制制度

是社会化大生产的必然产物，是强化企业管理制度，促进企业发展的客观需要，并随着企业经营环境复杂程度的提高不断丰富其内容，其本身是一个随经济环境的日益复杂化而涉及面越来越广、受影响和制约的因素越来越多的动态概念；②其核心目的是保证资产的安全完整和会计信息的真实可靠；③其基本职能是行为引导和权力制衡；④其未来发展方向是风险导向内部控制。

综上所述，要对内部控制制度给出一个权威性的解释并非易事，但我们可以透过内部控制制度产生和发展历程，得出内部控制制度的最基本解释，即内部控制制度是由管理者所设立的，由企业董事会、管理层和全体员工共同实施的，约定单位内部各职能部门、各有关工作人员之间，在处理经济业务过程中相互联系、相互制约的一种管理制度，是对经济业务的处理过程实施控制的方法、程序和手续的总称。这里的联系，是指经济业务发生时有关经办人员之间如何互相沟通、协调，使经济活动得以顺利进行；这里的制约，是指经办人员之间如何相互牵制，相互监督，以防止权力膨胀、决策失误、营私舞弊和技术错误，保证经济活动的合法合理性和效率性。这种相互联系和相互制约的关系是否明确、有效，是内部控制制度是否严密完善的标志。

完善的内部控制制度，一般应具备四个方面的要素：一是权利与责任，即单位行政领导和各个职能部门拥有的职权和应承担的责任，以及据此确定的他们在处理经济业务时所处的地位和作用；二是程序与手续，即处理每一项经济业务的规定程序和手续，要求明确规定每一项经济业务需要经过哪些手续，由哪些人员负责办理，他们之间如何沟通联系，应当采用哪些具体的处理方法等；三是控制方式，即处理每一项经济业务的人员之间相互制约的方式，要求某人办理的业务必须经过其他人员的核准和同意，必须置于其他人员的监督之下，有关人员之间必须形成制约关系；四是监督机制，即建立独立的监督部门对整个业务管理过程进行监督，并且对所发生的偏差进行必要的修止，以保证制度实施的可行性和效益性。

以上表明，内部控制制度不只涉及财会部门，也不只是会计工作的需要，还牵涉到企业的各个职能部门和各个方面的业务工作。因此，为了保证各部门的经济活动都能符合预定目标，防错消弊，保质保量，各职能部门在制定其业务管理制度时，都应当符合内控制度的要求。由于财会部门在经济业务所牵涉的各个职能部门中处于中心位置，是财务收支的"关口"，任何经济业务的办理都离不开财会机构，因此，在设计会计制度时，更应该将内部控制制度作为一项重要内容设计。

(二)内部控制制度的作用

严格地讲,内部控制制度不是一项独立的制度,其精神和要求应当贯穿于各项管理制度之中,对各项制度的健全完善和有效执行起保护性作用。具体地讲,内部控制制度的作用表现在以下几个方面:

1. 保护会计制度的贯彻执行

内控制度在会计制度体系中,不像会计科目、会计凭证、财务报表等,不能作为独立的部分,而是贯穿于会计制度的各个方面,对整个会计制度的实施起保护作用。从某种意义上讲,会计制度能否顺利执行,实施效果是否理想,关键取决于内部控制制度是否严密完善。如果只有会计制度条文,而缺乏严格的保护性措施,会计工作同样不能规范运行。例如,关于产品销售业务所使用的会计科目、凭证、账簿以及账务处理办法等方面的规定虽已齐备,但如果没有明确规定开票、收款、发货、门卫等有关人员的职责,没有规定他们之间的制约方式,销售业务就可能出现漏洞,给违法乱纪行为造成可乘之机,削弱和降低会计制度的作用。可见,完善的内部控制制度是保证会计制度效用必不可少的措施。

2. 防错除弊,保护企事业单位财产的安全完整

内部控制制度的基本要求是将经济业务的办理工作进行合理的分工,明确规定每一个业务经办人员的职权和责任,设计周密的业务处理程序和手续。可见,内部控制制度强调办理经济业务的多层次性,以保证业务处理过程的透明度和处理结果的客观性,否定经办人员和经办手续的单一性,以防止业务处理过程的隐蔽性和处理结果的主观性。它可以将每一经办人员的职责、行为置于其他经办人员的监督之下,使每一经办人员只享有办理业务的部分权利,保证任何经济业务的发生和完成,都有若干人参与或知晓。这样,就不会给任何不法分子机会,可以有效地防止营私舞弊行为的发生,即使一些经办人员在处理业务时做了手脚,也会立即暴露在其他有关人员的监督之下。同时,还可以避免或减少会计工作中的失误和技术性错误,保证会计工作质量。所以说,严密完善的内部控制制度,既能形成一种威慑力量,制止一切伪造、篡改会计记录的营私舞弊行为发生,又能产生预防效果,防止工作上的失误,确保单位财产物资的安全完整。

3. 保证会计信息真实、正确、完整和及时

提高其使用价值,会计信息虽然最终由财会部门提供,但由于信息来源渠道复杂,各种资料经过的环节较多,业务办理人员素质参差不齐,这就为保证会计信息的质量造成了困难。要想解决这一问题,必须在设计会计制度时根据内控制度的要求,规定各项业务的标准处理程序,包括业务的发生地

点、经过环节、经办人员的职责划分、业务处理时间、审批稽核手续以及使用的凭证账簿等。这样，通过会计制度的实施，就可以保证会计信息的质量。可见，严密完善的内部控制制度，为提供真实、正确、完整、及时的会计信息奠定了基础，而真实、正确、完整、及时的会计信息在经营管理中才具有使用价值。

4. 加强岗位责任制，提高会计工作效率

健全完善的内部控制制度，能够使经办业务的各有关人员按专业分工，明确自己的岗位责任，并在分工的基础上，建立有机的协作关系。这样，既体现了工作的专业化，又增强了工作的协调性，不仅为各有关人员熟练地掌握自己的工作内容、工作方法、工作要求和专业知识创造了条件，有利于发挥专业优势，避免因头绪过多而顾此失彼，提高会计工作效率，还有利于加强岗位责任制，促使业务经办人员尽职尽责。

5. 防范和化解经营风险，提高单位经营效率

内部控制制度通过机构分设、岗位分工、制定标准化业务处理流程、规范业务经办手续，可以有效地防止权力膨胀，预防个体性决策行为的发生，从而起到防范和化解经营风险，提高单位经营效率的作用。

二、内部控制制度的内容与设计原则

（一）内部会计控制制度设计的内容

根据企业经营活动的过程，内部会计控制制度设计的主要内容包括：货币资金、采购与付款、生产制造、销售与收款、实物资产、筹资与投资等经济业务活动的控制制度，具体如下：

1. 货币资金业务内部控制

企业对货币资金的收支和保管业务应建立严格的授权批准程序，办理货币资金业务的不，相容岗位必须分离，相关机构和人员应相互制约，加强款项收付的稽核，确保货币资金的安全。

2. 采购与付款业务内部控制

企业应合理规划采购与付款业务的机构和岗位，建立和完善采购与付款的控制程序，强化对请购、审批、采购、验收和付款等环节的控制，使采购决策透明，堵塞采购环节的漏洞。

3. 生产制造业务内部控制

企业应建立生产过程控制系统，做好成本费用管理的各项基础工作，制定成本费用标准，分解成本费用指标，控制成本费用差异，考核成本费用指

标的完成情况，落实奖罚措施，降低成本费用，提高经济效益。

4. 销售与收款业务内部控制

企业应制定恰当的销售政策，明确定价原则、信用标准和条件、收款方式以及涉及销售业务的机构和人员职责权限等相关内容，强化对商品发出和账款回收的管理，避免或减少坏账损失。

5. 存货业务内部控制

企业应建立存货管理的岗位责任制，对存货的验收入库、领用发出、保管及处理等关键环节进行控制，防止各种存货的被盗、偷拿、毁损和流失。

6. 固定资产业务内部控制

企业应建立固定资产取得的决策和审批程序，固定资产取得、验收、使用、维护、处置和转移等环节的控制流程应当清晰，明确规定固定资产投资预算、工程进度、验收使用、维护保养、内部调剂、报废处置等。固定资产成本核算、计提折旧、减值准备和处置等会计处理应当符合国家统一的会计制度的规定。

7. 筹资业务内部控制

企业应加强对筹资业务的管理，合理确定筹资规模和筹资结构，选择恰当的筹资方式严格控制财务风险，降低资金成本，确保筹措资金的合理使用。

（二）内部控制制度的设计原则

为了充分发挥内部控制制度的作用，实现内部控制的目的，企业建立和实施内部控制，应当遵循以下基本原则：

1. 合法性原则

内部控制应当符合法律、行政法规的规定和有关政府监管部门的监管要求。

2. 全面性原则

内部控制在层次上应当涵盖企业董事会、管理层和全体员工，在对象上应当覆盖企业各项业务和管理活动，在流程上应当渗透到决策、执行、监督、反馈等各个环节，避免内部控制出现空白和漏洞。

3. 重要性原则

内部控制应当在兼顾全面的基础上突出重点，针对重要业务与事项、高风险领域与环节采取更为严格的控制措施，确保不存在重大缺陷。

4. 有效性原则

内部控制应当能够为内部控制目标的实现提供合理保证。企业全体员工应当自觉维护内部控制的有效执行，内部控制建立和实施过程中存在的问题应当能够得到及时地纠正和处理。

5. 制衡性原则

企业的机构、岗位设置和权责分配应当科学合理，确保不同部门、岗位之间权责分明和有利于相互制约、相互监督，履行内部控制监督检查职责的部门应当具有良好的独立性，任何人不得拥有凌驾于内部控制之上的特殊权力。

6. 适应性原则

内部控制应当合理体现企业经营规模、业务范围、业务特点、风险状况以及所处具体环境等方面的要求，并随着企业外部环境的变化、经营业务的调整、管理要求的提高等不断改进和完善。

7. 成本效益原则

内部控制应当在保证内部控制有效性的前提下，合理权衡成本与效益的关系，争取以合理的成本实现更为有效的控制。

8. 相对稳定性原则

内部控制制度是一项受企业内外部经营环境影响较大的综合性管理制度，无论当时设计如何科学、合理，随着企业经营环境的不断变化，总会表现出局限性。因此，企业应在保持原有内部控制制度相对稳定的基础上，结合现实环境对其不断予以修订和完善。

三、内部会计控制的基本方法

内部会计控制的方法主要包括：不相容职务相互分离控制、授权批准控制、会计系统控制、预算控制、财产保全控制、风险控制、内部报告控制、电子信息技术控制等。

（一）不相容职务相互分离控制

不相容职务相互分离控制要求单位按照不相容职务相分离的原则，合理设置会计及相关工作岗位，明确职责权限，形成相互制衡机制。

不相容职务主要包括：授权批准、业务经办、会计记录、财产保管、稽核检查等职务。

（二）授权批准控制

授权批准控制要求单位明确规定涉及会计及相关工作的授权批准的范围、权限、程序、责任等内容，单位内部的各级管理层必须在授权范围内行使职权和承担责任，经办人员也必须在授权范围内办理业务。

(三)会计系统控制

会计系统控制要求单位依据《会计法》和国家统一的会计制度,制定适合本单位的会计制度,明确会计凭证、会计账薄和财务会计报告的处理程序,建立和完善会计档案保管和会计工作交接办法,实行会计人员岗位责任制,充分发挥会计的监督职能。

(四)预算控制

预算控制要求单位加强预算编制、执行、分析、考核等环节的管理,明确预算项目,建立预算标准,规范预算的编制、审定、下达和执行程序,及时分析和控制预算差异,采取改进措施,确保预算的执行。

预算内资金实行责任人限额审批,限额以上资金实行集体审批。严格控制无预算的资金支出。

(五)财产保全控制

财产保全控制要求单位限制未经授权的人员对财产的直接接触,采取定期盘点、财产记录、账实校对、财产保险等措施,确保各种财产的安全完整。

(六)风险控制

风险控制要求单位树立风险意识,针对各个风险控制点,建立有效的风险管理系统,通过风险预警、风险识别、风险评估、风险分析、风险报告等措施,对财务风险和经营风险进行全面防范和控制。

(七)内部报告控制

内部报告控制要求单位建立和完善内部报告制度,全面反映经济活动情况,及时提供业务活动中的重要信息,增强内部管理的时效性和针对性。

(八)电子信息技术控制

电子信息技术控制要求运用电子信息技术手段建立内部会计控制系统,减少和消除人为操纵因素,确保内部会计控制的有效实施;同时要加强对财务会计电子信息系统开发与维护、数据输入与输出、文件储存与保管、网络安全等方面的控制。

第二节 货币资金业务内部控制制度设计

一、货币资金业务内部控制的基本要求

（一）货币资金业务的特点

货币资金业务是指库存现金、银行存款和其他货币资金的收支业务。它具有以下特点：

（1）业务数量大

由于单位在资金筹集、材料采购、费用支付、工资发放、对外投资、产品销售、税金上交、债权收回、负债偿还等经济活动中，都会发生货币资金收付业务，因此，货币资金收付业务在单位发生的各种业务中占有很大的比重，且内容复杂。

（2）发生范围广

货币资金收付业务的发生范围，不像其他业务一般发生在某个部门或供、产、销某个环节，它可以发生在单位内部的各个职能部门，还可以发生在本单位与其他单位或个人之间；既可以发生在供应环节，也可以发生在生产、销售环节。可以说，有经济活动的地方，就有发生货币资金收付业务的可能。其范围之广，是其他任何种类的业务不可比拟的。

由于以上特点，货币资金收付业务就成为最容易发生差错和舞弊的业务。加之，货币作为流通手段，可以与任何财产物资、商品交换，尤其是现金，既便于携带，又便于储存，因此就成了营私舞弊和贪污盗窃的猎取目标。哪里有货币资金收付业务，哪里就有可能发生舞弊行为。可见，货币资金的管理是整个资金管理的重点，货币资金收付业务的内部控制，是整个内部控制制度设计的关键。如何堵塞漏洞，避免差错，防止弊端，保护货币资金的安全完整，是设计货币资金业务的内部控制制度必须解决好的问题。

（二）货币资金业务内部控制的基本要求

鉴于上述原因，在设计货币资金收付业务的内部控制制度时，必须符合以下要求：

1. 严格遵守现金管理和银行制

国家规定的现金管理制度和银行结算制度，是管理货币资金业务的准绳，也是设计货币资金收付业务内部控制制度的基本准则。要求：对于每日收取的现金应当及时送存银行，不得坐支；对于库存的现金应当规定限额；支用现金应当符合现金使用范围；超过现金结算限额时应当使用转账结算方式；采用何种结算方式应当符合银行结算办法的有关规定等，保证货币资金收支的合法合理性。

2. 正确使用分权、授权和稽核控制等方式

①坚持钱账分管，将货币资金业务的实际处理与记录工作分离，出纳管银钱收付，会计管账务记录。出纳员只能根据会计主管人员审核后的原始凭证和收、付款记账凭证办理收款和付款，不得擅自收付。

②由业务经办部门和财会部门分管货币资金收付业务的不同环节，使各种收入能够及时足额地纳归财会部门，各种支出能够从财会部门适度、有效、合法、合理地支付出去。形成各种业务的具体处理在有关部门，而货币资金的收支集中到财会部门这一"关口"的格局。

③一切货币资金的收支，除发生在外地或因特殊情况，由财会负责人授权有关人员代收、代付外，一律由出纳员集中办理。

④稽核与出纳职务分离。稽核员负责一切收付款业务及原始凭证的审核，发现问题，及时终止收付款，出纳员根据审核无误的凭证办理款项收付，如发现不符合制度的情况，有权拒绝，并退给稽核员重新处理。任何单位的出纳员都不得兼管稽核、会计档案保管和收入、费用、债权、债务账目的登记工作。

⑤银行印鉴章分管，单位的"财务专用章"与法人代表的个人名章由两人分别掌管。

⑥有条件的单位，最好实行"双出纳"制度，由两个出纳员分别负责货币资金的收支，分别登记库存现金（银行存款）收入日记账和支出日记账，强化牵制作用。

3. 实行永续盘存制度，强化对库存现金的清查盘点和对银行存款的账项核对

①出纳人员对库存现金必须日清月结，保证其实有数与库存现金日记账的结余数相符。

②会计部门应当定期或不定期地派人对库存现金进行盘点，检查其实有数与库存现金日记账余额、与总账中"库存现金"账户的余额是否相符。如果发现盈亏，应及时查明原因，公正处理。

③定期与开户银行核对账目，至少每月一次，保证银行存款日记账余额与"银行对账单"中的余额相符，如有未达账项，应通过编制"银行存款余额调节表"加以验证。必须强调，与银行对账应当由非出纳人员进行，而不能让出纳员核对，以防掩盖真相，隐匿作弊行为。"银行存款余额调节表"的编制也应由非出纳人员进行。

4. 健全收付款凭证的管理制度

①各种收据、发票等办理货币资金收支业务的凭证，应由财会部门统一管理，按顺序编号，领用时办理领用手续，用后的存根及作废的凭证一律收回，按编号顺序核查后统一归档保管，以防私收、私支款项等的发生。

②各种支付款项的凭证，应当由会计部门的有关人员审核签章后，出纳员再行付款。

③支票的签发，除财务专用章外，还必须具有法人代表个人名章。签发空白支票时必须注明收款单位、款项用途、签发日期以及最高限额内容，并严格控制数量、不得滥用。

（5）特殊结算方式的控制

采用网上交易、电子支付等方式办理货币资金支付业务的企业，应当与承办银行签订网上银行操作协议，明确双方在资金安全方面的责任与义务、交易范围等，操作人员应当根据操作授权和密码进行规范操作。使用网上交易、电子支付方式的企业办理货币资金支付业务，不应因支付方式的改变而随意简化、变更支付货币资金所必需的授权批准程序。企业在严格实行网上交易、电子支付操作人员不相容岗位相互分离控制的同时，应当配备专人加强对交易和支付行为的审核。

此外，为了强化货币资金收支业务的内部控制制度，还应当定期地调换出纳员职务，不要让某一人长期从事出纳工作，必要时还应采用强制休假制度，以防积久生弊。

二、货币资金收入业务的内部控制

收入货币资金的途径，一是通过银行，二是直接收取现金。由于通过银行收款的业务，受到了银行的直接监督，起到了外部控制的作用，客观上能够有效地减少和堵塞货币资金收入业务中的漏洞，是保护货币资金安全的一个有力措施。因此，货币资金收入业务的内部控制制度设计，应主要针对现金收入业务。

现金收入业务的内部控制，除严格按照前述货币资金业务内部控制基本要求设计外，应当重点加强收入业务的记录工作。因为现金收入业务在未被记录下来之前,最易出现漏洞,给舞弊行为造成可乘之机,且在作弊行为发生后无证据、无线索可查。为此,保护现金收入的关键是在现金进入单位时,立即记录下来。及时准确的记录,既可以防止不规范行为发生,又能作为查找错弊的线索。应当针对收入现金的渠道和方式,建立合理的记录方式,并掌握好记录的时间和内容。

一般情况下,企业的现金收入主要有销售货物取得现金和回收欠款取得现金。下面分别介绍它们的控制方式:

(一)销售货物收入现金的内部控制

企业销售产品或商品,应尽可能采用银行转账结算方式收取货款,以强化银行对企业货币资金收入业务的控制作用,但对于小额销售、与个人交易等业务,只得收取现金。随着商品经济的发展,资金市场竞争的加剧,交易方式的多样化,现金收支业务将越来越多,对其控制的要求也就越来越高。对销售货物收取现金实施内部控制,可区别不同情况采用不同的方式。

(1)在工业、商品流通等企业,主要采用填制"销货单""提货单"和"提货通知单"的方式。它是"凭证控制方式"在现金收入业务中的具体应用。它要求在顾客购货时,由销售部门开具销货单或提货单,注明所销物品的名称、规格、数量、单价、金额等内容。顾客持销货单向财会部门交付现金,然后持出纳员盖"收讫"章后的销货单向保管员提货。由于填制了销货单,使销售业务在未收取现金、发出货物之前,就在销售部门留下了完整的记录,起到了事前控制的作用,也就保证了现金收入的严密性、合理性,商品发出的准确性。

(2)在专设"收款台"的商品零售企业,控制方式可视同工业和批发企业,即营业员开具"销货票",顾客持票向收款台交付现金,收款员收款后将盖有"收讫"章的销货票交给顾客办理取货。此时,营业员与收款员各持收入现金的记录,一日营业终了,营业员将销货票汇总上交会计部门,收款员登记现金收入日记簿后,也将汇总单及款项送交会计部门。会计部门将两方面的数据核对无误后,出纳负责将款项送存银行,并将存款回单交与会计,会计编制记账凭证并登记入账,以上两种情况都是将开票、收款、核对工作进行了分离,分别由业务员、出纳员和会计负责,使他们三者之间形成牵制关系,达到了内部控制的效果。

(3)在无法集中收款的商品零售企业,可考虑采用"售价金额核算法"控制现金收入业务。这种情况下,虽然由营业员直接收取现金,但由于库存商品明细账反映的是各柜组(实物负责人)持有各种商品的总售价,因此,通过定期盘点确定结存商品的总售价后，即可倒挤出各柜组实际收取也是应当交回的现金总额，从而起到内部控制的作用。

(4) 在饮食服务等企业，销售业务频繁，但每笔销售业务收入的现金不多时，为简化开票等手续，可采用周转性购货凭证的方式控制现金收入业务。即收款员收取现金后交给顾客购货凭证，顾客以此为据购货。营业终了，营业员将购货凭证交财会部门，用来与收款员上交的现金数额核对，防止现金收入的短缺，达到控制效果。但由于该方式没有完整的记录，购货凭证又容易丢失，因此，企业最好采用开具"销货单"的方式。

(二) 回收欠款收入现金的内部控制

单位在办理回收各种应收及暂付款项的业务时，应尽可能通过开户银行。如果采用收取现金的方式，通常有两种情况，一是由出纳人员直接收取现金，二是通过邮局汇款方式收取现金。分别介绍它们的控制办法如下：

(1) 在出纳员直接向交款人收取现金时，必须由出纳员开具事先印有连续编号的"现金收据"，采用复写方式，一式三联。在加盖财务专用章和出纳章以及交款人签章后，将其中一联给交款人作为交款凭证，一联送交会计部门作为记账依据，一联留作存根。为保证现金收据的真实性和完整性，会计部门应当对出纳交来的收据逐一核对，除核实有关内容是否真实、完整外，应重点检查其编号是否连续，如有短缺，应及时查明原因，即使是作废的收据，也应将三张收据加盖"作废"字样后一并送交会计部门检查后归档保管。

应当指出，"现金收据"最好由会计员开具，然后交给出纳员加盖公章和出纳章，同时收取现金。这种方式下，由于票据、印章两人分管，使开票和收款工作分离，可以进一步强化现金收入业务的内部控制。

(2) 在通过邮局汇款方式收取现金时，由于不开具"现金收据"，容易发生截留挪用现金等舞弊行为，也容易遗失。因此，在单位之间最好不采用这种方式，非用不可时必须设计严密的防范措施。较好的方法是采用填制"汇款清单"的方式，即收到汇款时，由收件单位的收发室采用复写方式填制汇款收入清单，注明汇款单位、汇款详细地址、汇款数额及原因等内容，一联送交会计部门，一联连同"汇款单"送交出纳员办理取款。会计部门根据"清单"所列内容核查出纳员应收入的现金数额，并与有关现金收入原始凭证相核对，检查无误后进行账务处理，编制收款凭证，登记账簿。

需要指出，不论什么情况、采用什么方式收取现金，除前述重点加强记录工作，即强调原始凭证的作用外，还必须充分利用账簿的功能，按规定及时登记库存现金日记账和"库存现金"总分类账户，并加强二者之间的核对工作。

三、货币资金支出业务的内部控制

货币资金支出业务与收入业务相比,其相同之处在于支出途径也有两条,即通过银行转账支付和由出纳人员直接支付现金,不同之处在于支出用途多样、业务内容繁杂、牵涉范围广、涉及人员多。加之货币资金的支出表示资金离开单位,发生损失不易挽回,现金支出业务又是不法分子作弊的主要目标,因此,在设计会计制度时,对货币资金支出业务的内部控制制度,更应当高度重视。

当通过银行支出货币资金时,要求采用银行规定的结算办法,填制银行统一的结算凭证,客观上受到银行的外部控制,很大程度上起到了防错消弊的作用。因此,对这种业务实施内部控制,重点应放在结算凭证的管理上。基本要求是:建立严密完善的结算凭证管理制度,妥善保管各种凭证,尤其是现金支票和转账支票;严把各种凭证的使用关,出纳员开具支票时,财务主管应当审查批准,而不能让其独自办理;对已用和未用凭证应当由非保管人员定期检查;严格限制签发空白支票;随时与开户银行对账等。

现金支出业务是货币资金支出业务内部控制的重点。该类业务按支出用途不同大致可分为采购物品支出现金、发放工资支出现金和借款支出现金等。由于各业务办理程序和涉及的部门不同,所采用的具体控制方法也不相同。下面分别介绍它们的控制办法。

(一)采购物品支出现金的内部控制

对采购材料、商品等支出现金的业务实施内部控制,关键是在付出现金之前,先取得相应的原始凭证,如支付购货款须取得销货单位的发货票,支付货物运费应取得运输单位的收费单据等,并及时送交财会部门,由财会主管审核批准后,交由复核人对付款批准范围、权限、程序的正确性,手续和相关单据的齐备性,金额计算的准确性以及支付方式、支付单位是否妥当等进行复核,复核无误后,交给出纳员支付现金。这样,就能够保证在现金付出之前,先经过了业务部门、财会部门,使若干人知晓并实施监督,防止出纳员独自支付现金可能发生的弊端。

为了进一步强化内部控制,还应当提倡根据付款凭证而不是原始凭证支付现金的方式。也就是说,会计部门在接到发票等原始凭证后,先由财会负责人审核批准,再由会计人员据其编制付款凭证,注明会计科目、款项用途及金额等,交给出纳员由其根据付款凭证列示的金额支付现金,并登记库存现金日记账。然后将付款凭证退交会计部门，以便登记总账。这样，出纳人员应当付出多少现金，会计部门已经记录在案，更有利于形成控制关系。

（二）发放工资支出现金的内部控制

发放工资是单位支出现金数额最大的一项业务，特别是在企业里，随着经营机制的转换，劳动用工制度的改革，财务自主权的放开，工资的构成内容越来越复杂，发放范围越来越大，发出的数额越来越多，发生错弊的概率也就随之增大。因此，必须设计完善的内部控制制度，保证工资业务的合法合理性。

对发放工资支出现金的业务实施内部控制，主要应采取下列措施：

（1）严格划分劳资部门、财会部门和内部审计部门的职责，使工资发放业务由劳资管理员、工资计算员、现金出纳员和内部审计员分工协作完成。具体要求是：劳资部门负责审查并提供职工名单和考勤记录、工资标准等；财会部门负责计算工资额、编制工资发放表、提取现金发放工资并分配工资费用等；内部审计部门负责审核各种资料。

（2）建立健全劳动用工和考勤制度。要求：①工资表上的人名须经劳资部门审查，临时工须有合格的证明，以防虚设人名，冒领工资；②调动工作和变更工资标准须有劳资部门的正式批准文件，以防多计工资总额，侵吞余额；③考勤记录和产量记录须有车间负责人的签章，以防多记工时、产量等现象；④离职人员应及时从工资表中除去，以防继续领发工资等。

（3）强化审查复核手续。由于工资的构成内容复杂，包括基本工资、职务工资、津贴、奖金以及浮动工资等，而计算手续又相当繁琐，不仅要计算应发工资，还要计算代扣款项、实发工资等。所以，即使不发生作弊行为，差错也在所难免。为此，必须强化审查复核工作。要求：重复计算每一张工资表，至少计算两遍；内部审计人员应当经常性地审查其他人员的工作；每一张工资表都应经过劳资部门、财会部门和内部审计部门多环节的复查等。

（4）创造条件，委托金融机构代发工资。具体做法是：为单位的全体职工在同一定点储蓄所内开设活期存款账户，每月计算出工资总额及每个职工的实发工资后，将工资结算单交给职工，而资金则一并交存储蓄所分别划入每个职工的存款户内。这样，既可简化工资发放手续，减少现金流通，保证现金安全，又可将工资发放业务改变为"集体整存，个人零取"的储蓄业务，将内部控制与外部控制紧密结合起来，有效防止工资业务中的差错和弊端。

（三）借款支出现金的内部控制

一般情况下，发生出差借款和其他公务性借款业务时，需要支付现金。

该类业务相对较简单，对其实施内部控制，应符合三个方面的要求：

（1）借款人需要预支现金时，首先应填制"借款单"，并由所在部门负责人签字，然后交财务主管审核批准，再由出纳员据以支付现金。

（2）会计部门应当根据"借款单"编制付款凭证，登记"其他应收款明细账"，发挥账簿控制的作用。待借款人出差归来或完成业务后，根据实际用款数长退短补，注销明细账上的有关记录。

（3）严格禁止非公务性借款行为，不得以便条作为借款手续，更不能搞口头承诺、君子协定。

第三节 采购与付款业务内部控制制度的设计

采购与付款业务是指企业支付货币资金，取得生产所需物资或劳务的过程。采购是企业生产经营循环中的第一个阶段，是企业生存发展的基础。为了规范企业的采购与付款行为，企业应设计合理的采购与付款业务的内部会计控制制度，以健全业务记录，加强对业务流程中关键点的控制，实施采购环节的监督。

一、采购与付款业务内部控制的目标

采购与付款业务内部控制目标如下。
（1）保证采购与生产、销售要求一致。
（2）保证货款支付或负债增加的真实性与合理性。
（3）合理揭示购货折扣与折让。
（4）防止差错及违法行为发生。
（5）确保提供准确的会计信息。

二、采购与付款业务内部控制设计要点

（一）设计控制流程

采购与付款业务是指围绕购买材料或商品等所发生的经济业务。其业务处理过程一般分为五个环节。

1. 请购与审批

请购与审批是由生产部门或其他物资需求部门提出采购申请，由有关部门或人员根据需求申请、生产计划和采购预算对采购申请审批后，再将采购的相关信息通知采购部门。

2. 采购决策

采购决策主要包括询价与确定供应商。这一环节由采购部门会同其他部门共同完成。首先，组织采购员进行询价，确定备选供应商。然后，组织请购部门、生产部门、财会部门仓储部门等相关部门对供应商进行评价，主要围绕商品的质量、价格、交货及时性、付款条件及供应商的资质、经营状况等进行综合评价。最后，根据评价结果确定供应商。

3. 签订购货合同或订货单

确定了供应商后，由采购部门根据各部门的购货申请，确定供应计划，与供货单位签订购货合同或订货单。在购货合同或订货单中，要列举所购材料或商品的品名、规格、数量、单价、交货日期和交货方式等内容。以简化手续，加快进货速度，对某些采购数量不大、不经常购买的材料，也可以不签合同而直接购买。

4. 验收入库

验收入库包括验收和入库两个环节，是采购业务的重要步骤。为确保采购安全，无论是采用提货制还是发货制，所购材料或商品运抵企业后，都必须由保管部门进行验收。核对合同或订货单，对所购物品的品种、规格、数量、质量等内容进行验收，并记录验收、计量情况。验收合格入库后，填制入库单。对验收过程中发现的异常情况，应当立即向有关部门报告，以便查明原因，及时处理。

5. 结算支付货款

结算支付货款会计部门在办理付款业务时，应当对采购合同、购货发票、结算凭证、验收报告、入库单等相关原始凭证进行严格审核，对于不符合规定要求的采购事项，应推迟或拒绝付款。

（二）采购与付款业务内部控制措施

采购与付款内部控制制度中，至少应当强化对以下关键方面或者关键环节的风险控制，并采取相应的控制措施。

1. 职责分工控制

企业应当建立采购与付款业务的岗位责任制，明确相关部门和岗位的职责、权限，确保办理采购与付款业务的不相容岗位相互分离、制约和监督。企业采购与付款业务的不相容岗位至少包括以下几点。

（1）请购与审批。企业物品采购应由使用部门根据其需要提出申请，并经分管采购工作的负责人进行审批。

（2）询价与确定供应商。企业应由采购部门和相关部门共同参与询价程序并确定供应商。

（3）采购合同的订立与审计。企业应由采购部门下订单或起草购货合同并经授权部门或人员审核、审批或适当审计。

（4）采购与验收。采购物资的验收应由仓库保管人员或指定专人负责，采购人员不能同时担任物品的验收工作。

（5）采购、验收与相关会计记录。企业采购、验收与会计记录工作职务应当分离，以保证采购数量的真实性和采购价格、质量的合规性、采购记录和会计核算的正确性。

（6）付款的审批与付款执行。企业付款的审批人与付款的执行人职务应当分离。

企业可以根据具体情况对办理采购业务的人员定期进行岗位轮换，防范采购人员利用职权和工作便利收受商业贿赂、损害企业利益的风险。

2. 授权审批控制

企业应当建立采购与付款业务的授权制度和审核批准制度，并按照规定的权限和程序办理采购与付款业务。根据采购与付款业务，授权审批的要点主要包括：对生产部门或其他部门及仓库保管部门提出的请购申请给予一般授权，请购申请需要由请购部门负责人和采购部门负责人审批。对于重要和技术性较强的采购业务，应当组织专家进行论证，实行集体决策和审批，防止出现决策失误而造成严重损失，采购合同的签订需经有关授权人员审批，采购款项的支付应经有关授权人员审批。

3. 业务记录控制

为实现采购与付款业务内部会计控制目标，应建立完整的采购与付款的记录制度，在请购、审批、采购、验收、付款等各环节设置并填制相应的凭证，包括：请购单、订货单（合同）、验收单、入库单等，各种凭证都要连续编号，记录、签字盖章，加强凭证的相互核对工作，以便有效防止经济业务的遗漏、重复以及舞弊现象。

（三）采购与付款业务控制的具体方法

1."请购单"控制制度

企业应当建立采购申请管理制度，明确请购相关部门或人员的职责权限及相应的请购程序。各物资需求部门或者仓库在货物储备量不足时，应当通过填写"请购单"的方式申请购货。"请购单"是通知供应部门进行采购活动的一种业务通知凭证，一般采用两联复写方式，由请购部门详细填写：材料名称、规格、数量、质量标准，要求到货日期及用途等内容。先由申请购货的有关部门负责人签字后,送交供应部门负责人审批,并授权采购人员办理购货手续,并将其中一联退回请购部门,以示答复。采用这种方式,使采购业务有计划地进行,可以防止盲目采购,节约使用资金,同时,明确了各有关部门和个人的责任。

2."订货单"控制制度

如前所述,企业中除零星物品的采购可随时办理外,大宗购买业务应尽可能签订合同并采用订货单制度,以保证采购活动的规范化。"订货单"是供应部门进行采购活动的一种业务执行凭证,能使采购业务得到有效的控制。

"订货单"通常采用三联复写方式,其中:一联送交供货单位,请求发货;一联交仓库保管部门,作为验收货物的依据;一联留作存根,在供应部门归档保存,以便对订货与到货情况进行查对、分析。

3. 验收控制制度

采购部门购买同的各种材料物品,都应及时送交仓库验收。验收人员应当对照销货单位的发货票和购货订单等,对每一种货物的品名、规格、数量、质量等严格查验,在保证正确、相符的基础上填写"入库单"(或收料单)。"入库单"是证明材料或商品已经验收入库的会计凭证,由仓库验收人员填制,在取得采购人员的签字后,一联留存,登记仓库台账,一联退给采购部门进行业务核算;一联送交会计部门。严格的验收制度,有利于考核采购人员的工作质量,有利于划清采购部门与仓库之间的经济责任,保证入库材料的准确性、安全性。

4. 付款审核控制制度

会计部门记录采购业务、支付贷款之前,应当对采购合同约定的付款条件以及购货发票、结算凭证、入库单、订货单等相关凭证的真实性、完整性、合法性及合规性进行严格审核。不仅审查每一凭证的购货数量、金额计算是否正确,还要检查各种凭证记录内容是否一致。审核无误后,编制付款凭证,由出纳结算支付货款。同时,加强应付账款和应付票据的管理,由专人按照约定的付款日期,折扣条件等管理应付款项。定期与供应商核对应付账款、应付票据、预付账款等往来款项。如有不符,应当查明原因,及时处理。

三、采购与付款业务处理程序的设计

采购与付款业务处理程序与货物的交货方式有密切关系。通常,企业采用的货物交接方式有送货制、提货制和发货制。

(一) 送货制

(1) 供货单位送交送货通知。

（2）购货单位业务部门收到送货通知并与合同核对，然后填制一式四联的"收货单（或入库单），第一联留存，将其余联次送交供货单位。

（3）供货单位持收货单将商品送到指定仓库交货，购货单位仓库按收货单验收货物并在收货单第三、四联加盖收货章，留第二联登记货物保管账。

（4）供货单位持收货单（第二、三联）和发票结算货款。

（5）购货单位财务部门核对发货票和收货单后结算货款，留收货单第三联登记货物账。将第四联送给本单位业务部门。

（6）供货单位取得结算凭证，收到货款。

（7）购货单位业务部门根据收货单第四联登记备调卡。

（二）提货制

（1）购货单位业务部门收到供货单位的发货票和提货单，与合同核对无误后，填制一式数联的收货单，连同发货票和提货单一并交送财务部门。

（2）购货单位财务部门审核无误后办理货款结算手续，然后将提货单和收货单交储运部门。

（3）购货单位的储运部门持提货单到供货单位取回货物，交仓库验收后，将有关收货单联送财务部门和业务部门。

（4）购货单位的财务部门和业务部门根据收货单有关联次外别登记货物明细账和货软备调卡。

（三）发货制

（1）开户银行送来结算凭证未付通知。

（2）财会部门审核结算凭证金额后将其转给本单位业务部门。

（3）业务部门将合同与结算凭证核对后，将结算凭证退回给财务部门，并填制一式四联的收货单，第一联留存。

（4）财会部门办理货款承付手续。

（5）业务部门将收货单的第二、三、四联送给仓库。

（6）仓库收到车站或码头的到货通知，由储运部门接货送仓库，仓库验收入库后，在收货单第三、四联加盖收货章，留第二联登记货物保管账。

（7）仓库将收货单的第三、四联分别交给财会部门和业务部门。

（8）财会部门根据收货单的第三联登记货物账，业务部门根据第四联登记备调卡。

第四节 生产制造业务内部控制制度的设计

生产制造业务是企业的核心业务，是消耗物化劳动和活劳动以形成产成品的过程。正确计算产品成本对企业生产经济管理具有重要意义。产品成本计算就是系统记录企业在产品生产过程中所发生的一切费用，确定各种产品的单位成本和总成本。生产制造业务内部控制制度就是将产品成本核算和产品生产消耗控制相结合，以保证成本核算的正常进行，并促进成本管理水平的提高。

一、生产制造业务内部控制的目标

（1）正确及时反映成本费用。
（2）确保产品成本计算的正确性。
（3）降低成本费用耗用水平。
（4）提高企业经济效益。

二、生产制造业务内部控制设计要点

（一）生产制造业务的关键控制点生产制造业务的关键控制点如下。

（1）规定成本费用的范围。
（2）明确成本计算方法。
（3）权责分配和职责分工应当明确
（4）成本费用定额、成本计划的编制依据应当充分、适当。
（5）明确成本费用事项的审批程序。

（二）生产制造业务内部控制措施

1. 职责分工控制

企业应当建立生产制造业务的岗位责任制，明确内部相关部门和岗位的职责、权限，确保不相容岗位相互分离。同一岗位人员应定期做适当调整和更换，避免同一人员长时间负责同一业务。不相容岗位至少包括以下几种。

（1）成本费用定额、预算的编制与审批。
（2）成本费用支出与审批。

（3）成本费用支出与相关会计记录。

2. 授权审批控制

企业应当对生产制造业务建立严格的授权批准制度，明确审批人的授权批准方式、权限、程序、责任和相关控制措施，规定经办人办理成本费用业务的职责范围和工作要求，审批人应当根据成本费用授权批准制度的规定，在授权范围内进行审批，不得超越审批权限。经办人应当在职责范围内，按照审批人的批准意见办理成本费用业务。

（三）生产制造业务内部控制制度设计

1. 生产制造计划控制制度设计

生产制造计划控制是通过制定生产计划实现对整个生产制造过程进行有效的控制。生产计划是在生产开始之前对生产产品种类、数量及生产资源投入进行的规划。制定生产计划必须考虑企业预期利润、市场需求、生产能力、人员负荷、设备状况等因素。首先要确定生产数量。它由销售量、库存量和设备的生产能力共同决定的。企业应必须建立销售计划、产品最低存量保存制度，如果销售计划制定的不合理，必然导致原材料积压或产成品的供不应求，造成企业财务状况恶化。可见，确定生产数量是一种至关重要的决策行为。制定生产制造计划要注意和销售计划协调一致，计划中要明确产品投产数量、生产开始日期、产品完工日期、质量标准及生产单位等内容。

2. 成本费用预测、决策与预算控制制度设计

（1）成本预测

企业应当根据本单位历史成本费用数据、同行业同类型企业的有关成本费用资料、料工费价格变动趋势、人力物力的资源状况，以及产品销售情况等，运用本量利分析、投入产出分析、变动成本计算和定量定性分析等专门方法，对未来企业成本费用水平及其发展趋势进行科学预测，确定成本费用定额标准。

（2）成本决策

企业应对成本费用预测方案进行决策，从中选择最优成本费用方案。企业应当针对产品设计、生产工艺、生产组织、零部件自制或外购等环节，运用价值分析生产工序、生产批量等方法，寻找降低成本费用的有效措施。

（3）成本预算

企业应当根据成本费用预测决策形成的成本目标，建立成本费用预算制度。通过编制成本费用预算，将企业的成本费用目标具体化，加强对成本费用的控制管理。

3. 成本费用执行控制

企业应当根据成本费用预算、定额和支出标准,分解成本费用指标,保证成本费用预算的有效实施。企业指定专人记录分析实际成本费用和预算成本费用,记录有关差异,及时反馈有关信息,企业应当规范成本费用开支项目、标准和支付程序,严格控制费用支出。对未列入预算的成本费用项目,如确需支出,应当按照规定程序申请追加预算。对已列入预算但超过开支标准的成本费用项目,应由相关部门提出申请,报上级授权部门审批。

企业会计机构或人员在办理费用支出业务时,应当根据经批准的成本费用支出申请,对发票、结算凭证等相关凭据的真实性、完整性、合法性及合规性进行严格审核。

4. 成本核算控制制度设计

成本核算实质就是对生产过程中发生的各项费用进行归集和分配,最终计算出完工产品的生产成本。由于成本核算的内容复杂、业务繁多,所以要确保成本核算的准确,就必须设计和健全一整套成本核算的控制制度。具体内容如下:

(1) 成本核算基础制度设计

①明确费用开支范围。成本费用核算应符合国家统一的会计制度的规定,对生产经营中的材料、人工、间接费用等进行合理的归集和分配,不得随意改变成本费用的确认标准及计量方法,不得虚列、多列,不列或者少列成本费用,按照制造成本法的要求设计成本开支范围,其具体内容应当包括以下几点。

直接材料。它包括企业生产经营过程中实际消耗的,构成产品实体的原材料、辅助材料、备品配件、外购半成品、燃料、动力、包装物以及其他直接材料。

直接人工。它包括企业直接参加产品生产的工人的工资费、福利费、社会保险费、住房公积金、工会经费、职工教育经费、非货币性福利、辞退福利和股份支付等费用,以及奖金、津贴和各种补贴。

制造费用。它包括企业各个生产单位(分厂、车间)为组织和管理生产所发生的生产单位管理人员工资薪酬,生产单位固定资产的折旧费、租赁费(不包括融资租赁费)、修理费,机物料消耗、低值易耗品摊销、水电费、办公费、差旅费、运输费、保险费、设计制图费、试验检验费、劳动保护费、季节性、大修理期间的停工损失以及其他制造费用。

②建立健全成本核算的原始记录。会计部门为了获得成本核算的原始资料,在进行成本核算之前,必须设计完整的原始记录制度,包括:材料领用、

工时消耗，设备运转、动力消耗、废品发生、质量检验、产品入库等方面，设计相应的记录凭证，并由专人负责记录，以保证成本核算的第一手资料真实可靠。原始记录制度的贯彻落实，需要由企业内部各相关部门通力合作、共同执行，包括：生产技术、供应、销售、劳资、设备、质检、车间和1会计等部门。如：材料领用、产品入库要由仓库记录；设备运转、工时消耗要由生产部门记录；质量检验结果要由质检部门记录等。

③健全存货的计量、验收、领退和盘点制度，对入库物资进行准确的计量和严格的质量检测是保证原始记录可靠性的基础。为了保证领料、退料的准确无误，还必须及时办理领料和退料手续。由于材料物资的品种繁多、进出频繁，为保证库存材料物资的安全和完整，还需要对材料物资进行定期或不定期的清查盘点，进行账而调整，以保证账实相符。

④制定内部结算价格，实行内部结算制度。内部结算制度是指企业内部各部门之间发生经济往来时，如提供在产品，半成品、劳务等，按照内部结算价格进行计价结算的一种内部经济核算制度。实行内部结算制度，有利于明确企业内部各部门的经济责任，考核其工作业绩。内部结算价格是内部结算制度是否行之有效的关键，但一般应以各种材料和产品的计划单位成本或计划单位成本加上预测的利润为结算价格。制定内部结算价格必须征求各方面的意见，掌握各方面的资料，妥善制定，且一经制定应保持相对稳定。

⑤制定各种消耗定额。定额是在一定生产技术条件下，对人力、财力、物力的消耗及占有所规定的数量标准，是产品成本预测、核算、控制和考核的依据。在制造成本法下，需要制定的消耗定额主要有：材料消耗定额，包括原材料、燃料、辅料、动力等消耗定额；劳动定额，包括生产工时定额、劳动生产率、停工率等；费用消耗定额，包括各种制造费用的消耗定额。消耗定额的制定可采用技术测定或经验统计估算。随着生产技术条件的变化和管理水平的提高，应进行适时的修订，以保证定额的科学性和适合性。

（2）成本计算对象和成本计算期的设计

成本计算对象就是生产费用的承担者。合理确定成本计算对象是成本核算的前提。在不同的企业里，具体的成本计算对象设计一般需要根据产品的生产类型确定。

①企业的生产类型如下。

工业企业的生产，按其生产工艺过程的特点，可以分为单步骤生产和多步骤生产两种类型。

单步骤生产亦称简单生产，是指生产工艺过程不能间断、不可能或不需要划分为几个生产步骤的生产，如：发电、采掘等工业生产。这类生产由于技术上的不可间断（如发电），或由于工作地点上的限制（如采煤），通常只能由一个企业整体进行，而不能由几个企业协作进行。

多步骤生产亦称复杂生产，是指生产工艺过程由若干个可以间断的、分散在不同地点、分别在不同时间进行的生产，如：纺织、钢铁、机械、造纸、服装等工业生产。多步骤生产按其产品的加工方式，又可分为连续加工式生产和装配式生产。连续加工式生产是指原材料投入生产后，要依次经过各生产步骤的连续加工，才能成为产品的生产，如：纺织、钢铁等工业生产。装配式生产是指先将原材料分别在各个加工车间平行加工为零部件，然后再将零部件装配为产品的生产，如：机械、车辆、仪表制造等工业生产。

工业企业的生产，按其生产组织的特点，可以分为大量生产、成批生产和单件生产三种类型。

大量生产是指不断地重复生产相同产品的生产。产品的品种较少，而且比较稳定。如采掘、纺织、面粉、化肥的生产。

成批生产是指按照事先规定的产品批别和数量进行的生产。产品的品种较多，而且具有一定的重复性。如：服装、机械的生产。按照产品批量的大小，又可以分为大批生产和小批生产。大批生产性质近于大量生产；小批生产性质近于单件生产。

单件生产，生产数量小，产品不重复或很少重复生产。

单步骤生产和连续加工式的多步骤生产的生产组织多为大量生产。装配式的多步骤生产的生产组织，则有大量生产、成批生产和单件生产。

②成本计算期的设计。成本计算期是指企业按成本计算对象归集生产费用计算产品成本的起讫时间。成本计算期的设计一般有两种方法：一是以会计期间作为成本计算期，每月计算一次成本，成本计算期与编制月度会计报表的时间相一致。适用于大量、大批生产的企业。二是以生产周期作为成本计算期，适用于单件、小批生产的企业。

③成本计算对象的设计。根据不同企业生产类型和成本管理要求，成本计算对象的具体设计如下。

单件小批量单步骤生产企业。成本管理体制通常为一级核算；成本计算范围为全厂成本计算期一般为产品生产周期；成本计算对象一般为该件或该批产品，只计算产成品成本。

单件小批量多步骤连续式生产企业。成本管理体制一般可以采用二级核算；成本计算范围为各生产步骤；成本计算期为产品生产周期；成本计算对象为该件或该批产品的各个生产步骤，一般只计算产成品成本。

单件小批量多步骤装配式生产企业。成本管理体制为二级核算，成本计算范围为各生产车间；成本计算期为产品生产周期；成本计算对象为该件或该批产品，只计算产成品成本。

大批大量单步骤生产企业。成本管理体制只能采用一级核算；成本计算范围为全厂或封闭式生产的车间；成本计算期是会计期间，即按月。由于这种企业的生产工艺过程不间断，没有在产品，因此成本计算对象为产品品种或产品类别，只计算产成品成本。

大批大量多步骤连续式生产企业。成本管理体制必须采用二级核算；成本计算范围为各生产步骤；成本计算期是会计期间即按月；成本计算对象为各个加工步骤，既需要计算产成品的成本，又需要计算各步骤的半成品成本，即成本计算对象既有最终的，也有中间性的产品。

大批大量多步骤装配式生产企业。成本管理体制应为二级核算体制；成本计算服务为每一个生产车间；成本计算期是会计期间即按月；成本计算对象是各种产品及零部件，分别计算产成品和半成品成本。

5.成本费用分析与考核

（1）成本分析

企业应当建立成本费用分析制度。可以运用比较分析法、比率分析性、因素分析法、趋势分析法等方法开展成本费用分析，检在成本费用预算完成情况，分析产生差异的原因，寻求降低成本费用的途径和方法。

（2）成本报告

企业应当建立成本费用内部报告制度，实时监控成本费用的支出情况，发现问题应及时上报有关部门。

（3）成本考核

企业应当建立成本费用考核制度，对相应的成本费用责任主体进行考核和奖惩。通过成本费用考核促进各责任中心合理控制生产成本及各种耗费。成本费用考核工作主要包括修订成本费用预算、确定成本考核指标和分析、评价业绩等。

三、生产制造业务处理程序的设计

（一）品种法下成本计算的一般程序

（1）根据生产费用发生的原始凭证和其他有关核算资料，分配生产费用，编制各种费用要素分配表。

（2）根据各要素分配表，登记成本计算单或生产成本明细账。

（3）根据辅助生产成本明细账所归集的生产费用，编制辅助生产成本分配表，采用适当的分配方法，在各受益部门之间分配，并据以登记有关费用明细账。

（4）根据制造费用明细账所归集的生产费用，编制制造费用分配表，在各种产品之间分配费用，并据以登记成本计算单。

（5）将成本计算单中汇集的生产费用在完工产品和在产品之间进行分配，确定产成品成本，完工产品应负担的各种费用加总后，就是完工产品的总成本，它除以完工产品的数量即为单位成本。

（二）分批法下成本计算的一般程序

（1）按产品批别或订单设置成本明细账或成本计算单，并分别按成本项目设置专栏。

（2）分配各种要素费用。在记录直接费用的原始凭证上应注明订单号或产品批号，记录间接费用的原始凭证上注明发生地点，直接费用按原始凭证上所标注的批别，直接计入各批产品的成本计算单，间接费用则汇集到有关账户中。

（3）采用合理的分配标准，对间接费用进行分配，计入各批产品的成本计算单。

（4）产品完工时，计算各批别产品成本计算单中的费用总额，确定完工产品的总成本和单位成本。

（三）分步法下成本计算的程序

1. 逐步结转分步法成本计算的一般程序

（1）设置成本明细账或成本计算单。在一个车间为一个步骤的企业，应在各车间按产品品种设置。如果一个车间里有若干步骤，还应在成本计算单中按加工步骤设置专栏，以便分别归集各加工步骤的费用。

（2）归集生产费用，计算各步骤在产品成本。首先将发生的费用按各生产步骤进行归集，然后把各步骤的费用直接或分配计入各种产品的成本计算单，领用上步骤的半成品成本要全部计入本步骤的成本计算单，以便确定各步骤的在产品成本。

（3）结转半成品成本。将各步骤生产费用总额减去该步骤在产品成本后计算出半成品的成本，从本步骤成本计算单内转出后记入下一步骤的成本计算单。

（4）进行成本还原。将最后生产步骤投入的半成品还原为具体的成本项目。

（5）归集最后步骤的费用，计算完工产品成本。经过上一步的成本还原后，加上最后步骤的各项费用，求出其生产费用总额，再扣除最后步骤的在产品成本,计算出最后的完工产品成本。

2. 平行结转分步法成本计算的一般程序

（1）设置成本计算单。其要求与逐步结转分步法基本相同。

（2）归集和分配生产费用。其具体方法和要求与逐步结转分步法类似。

（3）计算各步骤的单位半成品加工费用,并确定应计入产成品的费用数额。

（4）计算产成品成本和在产品成本,由于各步骤计入产成品的费用数额已经确定,所以只要把它们加总就是产成品成本,而各步骤归集的费用总额扣除计入产成品的部分,剩余额即在产品成本。

第五节 销售业务内部控制制度设计

一、销售业务的内容和环节

（一）销售业务的内容

销售业务是指企业围绕推销商品（产品）所发生的经济业务,它是企业生产经营活动的基本内容,是生产经营过程的最后一个环节,其目的在于卖出自己的商品而获得货币收入,实现商品的价值。

企业的经营方式和经营范围不同,销售业务的内容也不相同。在工业企业里,销售业务一般包括：

（1）产品销售业务

这是企业的主要销售业务,一般指销售产成品、自制半成品等发生的经济业务。

（2）其他销售业务

一般指销售多余或不需用的材料、销售包装物等发生的经济业务,它属于企业的附营业务。

（二）销售业务的环节

从销售业务的发生及处理过程看,销售业务一般包括以下环节：

（1）销售谈判

企业在销售合同订立前,应当指定专门人员就销售价格、信用政策、发货及收款方式等具体事项与客户进行谈判。对谈判中涉及的重要事项,应当有完整的书面记录。

（2）合同审批

对于谈判成功的事项，由销售部门向企业有关部门或人员提交销售合同草案，审批人员应当对销售合同草案中提出的销售价格、信用政策、发货及收款方式等严格审查并建立客户信息档案；金额重大的销售合同，应当征询法律顾问或专家的意见；有条件的企业，可以指定内部审计机构等对销售合同草案进行初审。

（3）合同订立

销售合同草案经审批同意后，企业应当授权有关人员与客户签订正式销售合同。签订合同应当符合《中华人民共和国合同法》的规定。销售合同应当明确与销售商品相联系的所有权、风险与报酬的转移时点，明确所销产品的品名、规格、价格、交货方式及时间、货款结算方式、违约责任等。订立合同是企业销售业务的重要环节，也是强化内部控制的手段。

（4）组织销售

企业销售部门应当按照批准的销售合同编制销售计划，向发货部门下达销售通知单。在采用发货制时，企业的销售部门应根据销售合同填制发货单，并通知仓库和运输部门发货。企业发货部门应当对发货单进行审核，严格按照销售通知单所列的发货品种和规格、发货数量、发货时间、发货方式组织发货，并建立货物出库、发运等环节的岗位责任制，确保货物的安全发运。

（5）办理货款结算

在发货手续办妥后，由销售部门开具发票，并送交会计部门向购货单位收取货款。

如果采用提货制，则销售业务的环节应当是：①签订销售合同；②销售部门开具"销货单"；③财会部门办理收款手续；④仓库办理发货手续。

二、销售业务内部控制的基本要求

销售业务的发生，一方面引起企业的存货减少，另一方面引起收入的增加、货币资金的流入或债权的增加，因此，销售业务实际上是同时涉及销售和收款的业务，与资产盘存业务和货币资金收入业务密切相关。为销售业务设计严密完善的内部控制制度，不仅可以保证销售业务的合法合理性和安全性，而且可以加强资产盘存业务和货币资金收入业务的内部控制。

根据上述销售业务的环节不难看出，销售业务涉及部门较多，又牵涉到货币资金的收入，因此，对销售业务实施内部控制，应当符合以下基本要求：

（一）严格不相容职务分离制度

销售业务中的下列职务应相互分离：
(1) 客户信用调查评估与销售合同的审批签订相分离。
(2) 销售合同的审批、签订与办理发货相分离。
(3) 销售货款的确认、回收与相关会计记录相分离。
(4) 销售退回货品的验收、处置与相关会计记录相分离。
(5) 销售业务经办与发票开具、管理相分离。
(6) 坏账准备的计提与审批、坏账的核销与审批相分离。

（二）设置专门的销售机构

任何企业都应设置专门的销售机构，配备专职销售人员负责办理销售业务。一般情况下不应该将销售机构与其他业务部门或管理部门合并，也不应当将销售业务交由非销售部门办理。销售部门及其人员不应兼办采购、保管、出纳、会计等工作，直接经手销货的人员，不能参与登记销售和应收账款明细账。

（三）建立销售登记制度，加强各种凭证的管理

任何一笔销售业务，都应开具销售单据。企业应当在销售与发货各环节设置相关的记录、填制相应的凭证，建立完整的销售登记制度，对反映销售业务的合同、发货单、发票（销货单）等要按顺序编号，严格管理，尤其是发票，应当经过非开票人的审核，以防价格、金额等方面发生差错。要加强销售订单、销售合同、销售计划、销售通知单、发货凭证、运货凭证、销售发票等文件和凭证的相互核对工作。

（四）提倡合同销售方式

有条件的企业，应当尽可能采用事先与购货单位签订购销合同的方式，办理销货业务。这样，既可以合同作为销货依据，对销货业务起事前控制作用，又可用合同与销货发票核对，起事后对比分析作用，强化内部控制。

（五）建立健全销售检查制度

为保证销货业务的正确性，应当建立健全各种销售检查制度。对非合同销售，残料和废料的销售、销售折让和折扣、销售退回、固定资产和包装物的出租等特殊的销售业务，应当有专人负责检查，并保持经常化、制度化。

（六）建立销售台账制度

销售部门应当设置销售台账，及时反映各种商品、劳务等销售的开单、

发货、收款情况，并由相关人员对销售合同执行情况进行定期跟踪审阅。销售台账应当附有客户订单、销售合同、客户签收回执等相关购货单据。

（七）建立销售退回管理制度

企业的销售退回必须经销售主管审批后方可执行，销售退回的货物应当由质检部门检验和仓储部门清点后方可入库，质检部门应当对客户退回的货物进行检验并出具检验证明；仓储部门应当在清点货物、注明退回货物的品种和数量后填制退货接收报告；财会部门应当对检验证明、退货接收报告以及退货方出具的退货凭证等进行审核后办理相应的退款事宜，并增加对退货原因进行分析的自我评估控制。

此外，还应当加强销售业务各环节的审批工作。销售合同的签订、发货单的编制、销货发票的开出、销货方式的选择等，都力求经过有关负责人员的审核批准。

三、销售业务内部控制的具体设计

一般企业中，销售业务都可以分为现销和赊销两种情况。

（一）现销业务的内部控制

现销业务是指企业在销售产品或商品的同时，收取货款，强调钱货两清。工业、商品批发等企业对现销业务实施内部控制的主要手段是开具"销货单"，并确定其合理的传递程序。具体做法是：

（1）客户购货时，由销售部门填制一式数联的"销货单"，注明购货单位、货物名称、规格、数量、单价、金额等，经负责人审核签章后，留一联作为存根，进行业务核算，其余交客户办理货款结算和提货。

（2）客户持"销货单"向财会部门交款。财会部门对"销货单"认真审核后，办理收取贷款的手续，并加盖财务专用章和有关人员的签章，留一联编制记账凭证，其余退给客户。

（3）客户持"销货单"中的提货联向仓库提货。仓库保管人员对"销货单"复核，确认已办妥交款手续后，予以发货，并将提货联留下登记仓库台账。

值得指出，财会部门收取货款，可能通过银行转账，也可能由出纳直接收取现金，但不论采用哪种方式，都必须符合货币资金收入业务的内部控制要求，确保销货款的安全。

商品零售企业的销售业务，大多为现销，其内部控制方法已在货币资金收入业务的内部控制中详细介绍,这里不再赘述。

(二)赊销业务的内部控制

赊销业务是指企业先办理产品或商品发出,然后在规定的时间内收取货款。这种业务使企业收入增加的同时,也使企业的债权结算业务发生。随着商品经济的发展,市场交易方式日趋灵活多样,赊销业务在企业里将日益增多,债权结算业务也随之增多。由于赊销业务涉及的部门较多,销售活动与货款结算的时间不相一致,发生错弊的可能性也就较大。为此,只有合理规定各有关部门之间的制约关系、强化销售业务各环节的衔接,明确债权结算的有关规定,充分发挥凭证控制的作用,才能使赊销业务的内部控制严密完善。

一般情况下,赊销业务的内部控制制度除符合前述基本要求外,还应当采用下列程序和方式:

(1)严格订货单制度,明确定价原则、信用标准和条件,强化销售合同的作用。凡赊销业务,最好采用订货方式,订单确定后列入销售计划,作为日后发货的依据,防止无计划地发出货物。

(2)建立赊销业务批准制度。赊销业务应经过财务负责人的批准,未经批准,销售部门不得指令仓库发货,以防止因不了解客户信用度而可能造成的损失。

(3)尽可能设置专人专职,登记销售明细账和应收账款明细账。在发出货物后,会计部门应对销售部门开具的"销货单"以及相关的合同、订货单等进行审查核对,正确无误后编制记账凭证,并及时登记销售和应收账款明细账,以充分发挥账簿控制的作用。

(4)由稽核员定期与购货单位(债务人)核对账目,对账中发现的问题应及时查明原因,分清责任,按有关规定予以处理,确保双方的账目相符。

(5)准确掌握债务人的资信程度,及时催收货款,避免或减少坏账损失。

四、销售业务内部控制的监督检查制度

为保证销售业务内部控制制度的有效实施,单位应当对销售业务内部控制制度建立监督检查制度,明确监督检查机构和人员的职责权限,定期或不定期地通过实施符合性测试和实质性测试,检查销售业务内部控制制度是否健全,各项规定是否得到有效执行,以便及时发现销售业务内部控制中的薄弱环节,并采取措施,加以纠正和完善。对销售业务内部控制进行监督检查的内容主要包括:

(1)销售业务相关岗位及人员的设置情况,重点检查是否存在销售业务不相容职务混岗的现象。

（2）销售业务授权批准制度的执行情况，重点检在授权批准手续是否健全，是否存在越权审批行为。

（3）销售的管理情况，重点检查信用政策、销售政策的执行是否符合规定。

（4）收款的管理情况，重点检查单位销售收入是否及时入账。应收账款的催收是否有效，坏账核销和应收票据的管理是否符合规定。

（5）销售退回的管理情况，重点检查销售退回手续是否齐全，退回货物是否及时。

第六节 筹资业务内部控制制度设计

一、筹资业务的特点

筹资，也称融资，是指企业为了满足生产经营发展需要，通过发行股票、债券或者银行借款，或者抵押、质押等形式筹集资金的活动，融资一般按照资本的来源，分为权益性融资和债务性融资。

企业在筹集资金时必然会产生筹资成本，不同筹资渠道的筹资成本所带来的经济后果不同，权益性筹资成本由税后利润列支，债务性筹资成本税前列支。不同筹资渠道的筹资成本的固定性也有差别，权益性筹资成本不具有固定性，而债务性筹资成本在融资前就已确定，具有固定性。可见，任何筹资渠道都会给企业带来财务压力，但相比之下，债务性筹资的财务压力较大。对筹资业务建立内部控制制度，其目的就是合理确定筹资比例，控制筹资风险，降低筹资成本，防止筹资过程中的差错与舞弊。

二、筹资业务的环节

从内部控制制度角度出发，不论是权益性融资，还是债务性融资，都应经过如下环节：

（一）拟订筹资方案

拟订筹资方案是保证筹资方式合法、筹资金额合理的关键环节，企业应当在符合国家有关法律法规、政策和企业筹资预算要求，并充分考虑企业经营范围、投资项目的未来效益、目标资本结构、可接受的资金成本水平和偿付能力以及财务风险等因素的前提下，明确筹资规模、筹资用途、筹资结构、筹资方式和筹资对象，并对筹资时机选择、预计筹资成本、潜在筹资风险和具体应对措施以及偿债计划等作出安排和说明。对于在海外筹集资金的,还应当考虑筹资所在国的政治、法律、汇率、利率、环保、信息安全等风险。

(二)评估、审批筹资方案

企业对重大筹资方案应当进行风险评估,形成评估报告,报董事会或股东大会审批。

评估报告应当全面反映评估人员的意见,并由所有评估人员签章。对于重大筹资方案,企业应当实行集体决策审批或者联签制度,决策过程应有完整的书面记录。

(三)签订筹资合同或协议

筹资合同或协议是维护筹资方与出资方双方利益的法律文书,也是订立双方权利与责任的重要凭证,因此,企业应当根据经批准的筹资方案,按照规定程序与筹资对象,与中介机构或银行等金融机构订立筹资合同或协议,对筹资合同的订立与审核、资产的收取、股利(利润)或利息的支付方式等作出明确规定。企业相关部门或人员应当对筹资合同或协议的合法性、合理性、完整性进行审核,审核情况和意见应有完整的书面记录。

(四)偿付

偿付环节主要是由企业按照合同或协议规定,向出资方偿还本金,支付利息、租金股利(利润)等工作,是出资方权利的实现和受资方责任履行的重要环节。

三、筹资业务内部控制的基本要求

(一)严格不相容职务分离制度

企业应当明确有关部门和岗位的职责权限,使办理筹资业务的不相容岗位相互分离,确保筹资方案的拟订与决策、筹资合同或协议的审批与订立、款项偿付的审批与执行等由不同的部门和人员完成。筹资业务的人员应具备必要的筹资业务专业知识和良好的职业道德,熟悉国家有关法律法规、相关国际惯例及金融业务。

(二)建立授权批准制度

要明确授权批准方式、程序和相关控制措施,规定审批人的权限、责任以及经办人的职责履行要求。企业在支付筹资利息、股息、租金时,应当履行审批手续，经授权人员批准后方可支付。企业的股利（利润）分配方案应当按照企业章程或有关规定，经审批后执行。

（三）建立凭证记录和保管制度

企业应当制定筹资业务流程，明确筹资决策、执行、偿付等环节的内部控制要求，并设置相应的记录或凭证，包括筹资决策、审批过程的书面记录制度以及有关合同或协议、收款凭证、支付凭证等资料的存档、保管和调用制度，并指定专人管理，明确其职责权限，以便如实记载各环节业务的开展情况，确保筹资全过程得到有效控制。

（四）建立筹资决策责任追究制度

企业应当按照筹资方案所规定的用途使用筹集的资金，因市场环境变化等特殊情况导致确需改变资金用途的，应当履行审批手续，并对审批过程进行完整的书面记录，严禁擅自改变资金用途。对重大筹资项目，明确相关部门及人员的责任，定期或不定期地进行检查，对没有按照筹资计划和筹资程序进行的筹资业务责任人，以及变更筹资用途的直接责任人，按照产生不良后果的严重程度予以处罚。

（五）加强筹资业务核算制度

筹资业务的核算应当符合国家统一会计制度的规定。企业取得货币性资产时，应当按实有数额及时入账；取得非货币性资产时，应当根据合理确定的价值及时记录，并办理有关财产转移手续，对需要进行评估的资产，应当聘请有资质的中介机构及时进行评估。要严格按照筹资合同或协议规定的本金、利率、期限及币种计算利息和租金，并与债权人定期核对，如有不符，应查明原因，按权限及时处理。企业委托代理机构支付股利（利润）时，应清点、核对代理机构的股利（利润）支付清单，并及时取得有关凭据。

参考文献

[1] 刘飘. 会计电算化与传统会计的比较研究 [J]. 价值工程，2018（4）.

[2] 朱田群. 浅议财务会计与管理会计的有机融合与创新发展 [J]. 财讯，2019（23）.

[3] 赵润华. 会计职能与会计目标的逻辑关系辨析 [J]. 商业会计，2017（9）.

[4] 颜仕文. 互联网背景下企业财务会计管理路径探究 [J]. 今日财富，2020（11）.

[5] 李慧敏. 试论如何利用财务与会计关系加强企业财务管理 [J]. 财讯，2017（35）.

[6] 钱逢胜，乔元芳. 财务报告概念框架的地位和目的 [J]. 新会计，2018（5）.

[7] 李婉晴，梁荞鹏，刘丽莹，等. 浅析会计的基本职能及其关系 [J]. 中外企业家，2019（6）

[8] 张军. 浅析服务业企业管理会计与财务会计的融合 [J]. 中国经贸，2017（11）.

[9] 王浩. 财务集中管控模式下会计机构及职能设置 [J]. 行政事业资产与财务，2016（6）.

[10] 郑涵月. 浅谈中小企业会计制度设计 [J]. 环球市场，2017（19）.

[11] 张亚连，卢培培. 碳会计制度设计与运行机制略探 [J]. 湖南财政经济学院学报，2016（5）.

[12] 史晓巧. 循环经济下的绿色会计制度设计 [J]. 现代企业，2016（6）.

[13] 王秀波，曹晓黎. 中小企业会计制度设计的现状及对策 [J]. 财经界（学术版），2016（14）.

[14] 李颖. 小微企业会计制度设计的原则、方法及路径探析 [J]. 中国市场，2018（18）.

[15] 柳春桃. 会计管理体制与企业会计制度设计分析 [J]. 低碳世界，2018（4）.

[16] 孙月飞. 浅谈新工业企业会计制度商品销售收入的正确核算 [J]. 会计之友，2010（11）.

[17] 马彤, 马云平. 基于企业养老保险会计核算的研究 [J]. 商业经济, 2015 (5).

[18] 武杏园. 浅析创业企业的会计科目及岗位设计 [J]. 经贸实践, 2015 (4).

[19] 翟俊哲, 王雩赞. 会计电算化中会计科目代码的设计 [J]. 中国地方病防治杂志, 2015 (2).

[20] 黎富兵. 财务会计课程"两课设计"及"翻转课堂"改革创新研究 [J]. 财会月刊 (下), 2016 (9).

[21] 叶峥嵘. 新事业单位会计制度存货核算设计缺陷 [J]. 现代经济信息, 2018 (7).

[22] 吴琼康. 浅谈企业内部会计制度设计 [J]. 科技经济导刊, 2017 (22).

[23] 张焰朝. 案例教学法在《会计制度设计》教学中的应用 [J]. 当代经济, 2016 (12).

[24] 潘洋. 会计制度设计中若干理论问题的探讨 [J]. 科研, 2016 (4).

[25] 宋翠苹. 企业集团内部往来的棋盘式会计核算制度设计 [J]. 中国经贸, 2016 (9).

[26] 周普, 贾玲, 甘泓. 水权益实体实物型水资源会计核算框架研究 [J]. 会计研究, 2017 (5).

[27] 雷鑫, 吴明明. 论股东查阅会计账簿目的的正当性 [J]. 法律适用, 2014 (5).

[28] 郭晓玲, 田芳容. 民营企业会计账簿单套制管理研究 [J]. 浙江档案, 2020 (10).

[29] 王美荣. 工作任务导向法在会计账簿登记教学中的应用 [J]. 江苏教育: 职业教育, 2015 (11).

[30] 林艳. 基于财务报表审计的会计舞弊揭示机制研究 [J]. 经贸实践, 2015 (15).